雑談力
が伸びる
英語
の話し方

齋藤孝

カン・アンドリュー・ハシモト

アルク

英語の雑談で
人もチャンスも引き寄せる!

齋藤 孝

　皆さんはこんな経験をしたことはありませんか?

　旅先でちょっと心細い思いをしていたところ、地元の人が「あら、どこから来たの?」と話しかけてくれた。最初は戸惑ったけど、少し話すうちにホッとする温かな気持ちになれた。

　話の内容は大したことじゃなく、いわゆる「雑談」。でもそのおかげで、お互いに打ち解けることができました。ほんの短い時間だったけれど、人間的なつながりができたということです。

雑談が場を作り、良好な人間関係を作る

　これからの世の中、ますますオンライン化が進み、日常生活でもビジネスでも、メールやSNS、オンライン会議ツールなどで、文字だけでのやり取りや、直接会わずにコミュニケーションを交わすということがどんどん増えていきます。

　そうすると、私が教える大学でも、オンラインで淡々と授業を進めていくと、教師と学生、あるいは学生同士の人間関係ができないまま学期が終了してしまう可能性があります。

　ビジネスの場でも、メールやオンライン会議ツールで業務をこなすだけでは、信頼関係を築くのが難しい場合もあるでしょう。

そこで、重要になるのが「雑談」です。

　私は犬好きなんですが、同じく犬好きな編集者と話が盛り上がり、プライベートでも付き合いが始まりました。そうなると、メールでも「ワンちゃん、元気ですか？」と、ちょっとした雑談のやり取りがあって、ビジネスの話の前に関係が温まります。つまり、**雑談のおかげで、たとえオンラインであっても、場の雰囲気を作ることができ、人間関係が円滑になる**んですね。

　そう、良好な人間関係を作るコツは、「雑談力」なんです。テレワークが当たり前になると、雑談力の重要性はもっと高まるでしょう。雑談がうまくできない人は、他人と関わっていく力がちょっと弱いとさえ言えるかもしれません。そして、これらのことは英語でも同じです。

　では、どうしたら英語の雑談力を鍛えることができるのでしょう？そのために、本書では、**英語雑談に必要な心構えから、具体的なテクニック、雑談ネタを集める方法を、豊富な表現例と会話例、その使い方とともに紹介します**。

英語雑談の強い味方　その1：ネタ帳

　私の授業では、雑談力を鍛える練習をしています。出席を取る際に、「はい」という返事の代わりに15秒から30秒くらいで近況報告の雑談をしてもらいます。この練習のおかげで、各人のキャラクターに親しみが出て、クラス全体が生き生きとします。雑談にはそういう効果が確かにあるんです。

ただし、これを英語でとなると、なかなか難しいですよね？「さほど親しくない人と英語で何を話せば？」「話したいことはあっても、とっさに単語や表現が出てこない……」という悩みを抱える方は多いでしょう。

　また、ここで皆が恐れるのが沈黙です。話が続かない、気まずい雰囲気になる。特に一対一の場合だと「あなたとは話すことがない」といったメッセージになりかねない。

　そこでお勧めなのが、**普段から小ネタを英語で仕込んでおくことです。英語でネタ帳を作っておくわけです**。そうすると、単語や表現が出てこないということが防げますし、いざ沈黙が訪れたら「ここであのネタを話そう」ということが可能になります。そのための表現や会話例が、本書にはたくさん掲載されています。

　用意していた小ネタを披露して、場の雰囲気を和ませる。これだけでも、人間関係にいい変化が生まれるはずです。英語に限らず外国語の場合には、「用意してあるから話せる」ということが安心にもつながります。

　なお、日本人は「このネタ面白くないんじゃないかな」などと気にしすぎる傾向がありますね。でも、話が長くなりすぎなければ大丈夫です。どんな話でも、30秒くらいだったら相手は嫌がらずに聞いてくれますから心配ご無用。

英語雑談の強い味方　その2：偏愛マップ

　雑談は相手がいるので、自分のことばかり話すわけにはいきません。むしろ、相手に主導権を渡すのが雑談の重要なコツです（詳しく

は本文で)。そこで、雑談相手の興味・関心、好きな話題を覚えておくのがお勧めです。私はこれを「偏愛マップ」(本文も参照してください)と呼んでいます。私はやはり授業で、学生たちに偏愛マップを作ってもらい、それを基に雑談の練習をさせています。

たとえば、相手の偏愛マップに自分も好きな俳優やミュージシャンの名前があったら、雑談が盛り上がるのは必至ですよね。中にはある居酒屋のメニューだけで盛り上がるなんていう学生たちもいます。相手の好きな話題や共通の話題で雑談が盛り上がると、場の空気が温まり、自然と良好な人間関係ができていきます。

もちろん、これは相手が外国人の場合でも同じ。**相手の好きな話題、お互いの共通の話題は、英語雑談の強力な武器です。**

以前、外国人の方が社長をしている企業で講演をしました。その社長さんが立派な体格だったので「ジムでトレーニングされてるんですか」と話を振ったところ、「そうなんですよ」と言って筋肉自慢が始まりました。私は上半身に筋肉がつかないタイプなのでその話をしたところ、彼は逆に下半身に筋肉がつきにくいと言う。結局、その後しばらく筋肉話で盛り上がったということがありました。このように、相手の好きな話題、お互いに共通の話題は、雑談の格好の呼び水になります。

英語雑談の強い味方　その3：フレーズ主義

先ほどの筋肉話のように、雑談というものは、他人が聞いたら「だから何なんだ？」と思うようなムダ話です。なにか結論を求めるようなものではありません。お互いに話しやすい話題を見つけて、ポ

ンポン会話を楽しくつなげていくのが雑談です。サッカーに例えるなら、ゴールを狙わないで延々とパスをつないでいく感覚。

　これを可能にするのが、Oh, did you?などの相手の話を促す相づちフレーズや、Speaking of ～などの話を展開するフレーズです。

　また、相手の好きな話がわからない場合はどうすればいいでしょう？　そんなときには、とにかく「相手をほめる」のがお勧めです。パッと目についたところでいいんです。ジャケットをほめるとかバッグをほめるとか、何でもOK。英米人、特にアメリカ人は雑談で相手のことをはめるし、ほめ方も上手。英語にはほめるフレーズがいっぱいあります。

　本書には、上記の相づち、展開、ほめるフレーズだけでなく、話を切り上げる、共感する、質問する、意見をはさむなどなど、雑談で使いたい表現がたっぷり収録されています。

　自分が遭遇しそうな場面を想像して、自分のための英語フレーズをストックしておきましょう。無理に詰め込む必要はありませんが、自分の気に入ったフレーズや得意なフレーズをいくつか持っておけば、雑談をうまく展開することができるようになります。

英語の雑談なんて怖くない！

　日本人はシャイな人が多いので、「そのジャケットいいね」なんて日本語でもなかなか言えない人もいるでしょう。でも、**英語で雑談するときにはメンタルを「英語モード」に切り替えて、思い切って言ってみましょう**。

　アメリカのドラマの吹き替えを思い出してください。日本人の声優さんが話している吹き替えのセリフって、日本の芸人さんがネタにして笑いがとれるくらい、明らかに日本語としてはおかしいんです。あんな日本語をしゃべる人はいませんが、英語で話す感覚としてはあれくらいがちょうどいい。少し大げさなくらいがいいのです（本文で具体的に説明します）。

　日本語に訳すとこんなに変化するのだから、英語のモードにチェンジする必要があるんだなと、頭を切り替えることが大切です。軽くジャンプして体をほぐして、普段よりも少しポジティブな精神状態に持っていけるとなおいいですね。

　本書を読み、聞き、あるいは声に出して進めていくうちに、「ああ、簡単な単語やフレーズでこんなに雑談ができるんだ」と、きっと実感していただけると思います。ぜひ身につけて、ここぞというときに使ってみてください。少しずつでも、「あっ、続けられた」という経験を積み重ねていくと、雑談が怖くなくなってきます。雑談が怖くなくなると、良好な人間関係を築くことができ、思いも寄らないチャンスも飛び込んでくるかもしれません。

　さあ、英語の雑談力アップに向けて、第一歩を踏み出しましょう！

目 次

Chapter 1　雑談の基本ルール

Chapter 2　雑談力を上げるテクニック

Chapter 3 雑談ネタの仕入れ方

本 書 の 使 い 方

本書は、18のUNITから構成されています。各UNITは、①雑談力を伸ばすポイント解説、②雑談力を伸ばす表現学習、③雑談力を伸ばす会話練習の3部構成です。

各UNITの構成

① ポイント解説　② 表現学習　③ 会話練習

雑談力を伸ばすポイント解説　by 齋藤孝

雑談力を伸ばすためのコツや心構えを、攻略ポイントごとに取り上げています。まずは、こちらに目を通してください。

雑談力を伸ばす表現学習　by Kan Andrew Hashimoto

雑談力を伸ばすために必要な表現例とその使い方のコツを取り上げています。無料でダウンロード(→p. 12)できる音声を聞いて、自分でも声に出して言ってみましょう。

英語表現は付属の赤シートで隠すことができます。英語を隠し、日本語を見て、英語で言えるか確認して身につけてください。

③ 雑談力を伸ばす会話練習　by Kan Andrew Hashimoto

雑談力を伸ばすための実践練習ができる会話例とそのポイントを取り上げています。こちらも音声が無料でダウンロードできるので、音声を聞いたり、役割練習に挑戦したりと活用してください。

本書のマークについて

◀L 001

リスニング用の音声です。発音やイントネーションを確認し、声に出してまねしてみてください。

◀RP003

ロールプレイ(役割練習)用の音声です。Lの音声で雑談会話を聞いてから、RPのポーズで、色文字部分を声に出して言い、会話を疑似体験してみましょう。

☺ casual

親しい友人や気心の知れた知人の間で使われ、フォーマルな場では使わないように注意が必要なフレーズを指します。

【無料】学習音声の入手方法

スマートフォンやパソコンに無料でダウンロードできます。

スマートフォンの場合

英語学習アプリboocoを使うと、数秒の巻き戻し・早送り再生や、学習記録、目標設定などが可能です。

手順

1 英語学習boocoのダウンロード

スマホに、アルクが無料提供しているアプリ「booco」をダウンロード。

※ App Store、Google Play から「booco」で検索本書を探す

2 本書を探す

ホーム画面下の「探す」ページで、書籍名、商品コード7021013、著者名で検索。

3 本書の音声をダウンロード

パソコンの場合

手順

以下のサイトで本書の商品コード
7021013 で検索してください。

アルクのダウンロードセンター
https://www.alc.co.jp/dl/

Chapter

1

雑談の
基本ルール

英語で雑談するのが苦手な人、雑談がも
っとうまくなりたい人に必須の「基本ルー
ル」を4つ取り上げます。この基本ルール
を実践するだけでも、雑談が一気に楽に
なるはずです。

雑談は「中身がない」から意味がある

　あなたは、雑談をしない日があるでしょうか。誰かとコミュニケーションをとろうとすれば、雑談は欠かせないはずです。

　それは英会話でも同じ。ところが、英語の雑談が苦手、うまくできないという話はよく耳にします。相手に要件を伝えたり、商談やプレゼンテーションは資料やレジュメを見ながらなんとかこなしたりはできても、合間の時間や休憩時間、パーティーでの雑談がうまくできなくて、気まずい雰囲気になる……、なかなか打ち解けられない、仲良くなれない……

　Good morning. / See you later.──一般的なあいさつはできる。

　Do you have a minute? / Could you check this document?──伝えるべき要件は伝えられる。

　When will the package arrive? / Are you available on Monday? ──聞くべき要件も聞くことができる。

　しかし、そこで終わってしまう。つまり「要件しか話せない」ということです。「要件が伝われば、それでいいじゃないか」という人もいるでしょう。しかし、「要件しか話せない」人に、円滑なコミュニケーションができるでしょうか。

　要件、たとえば仕事の話、契約や交渉、連絡に報告……これらを「中身のある会話」だとしましょう。しかし、これらが日常生活、社会生活における会話全体に占める割合は、ほんのわずかです。**残り**

の大部分は「中身のない会話、ムダ話」＝雑談なのです。

「中身のない会話なら、必要ないのでは？」などと思う人もいるようですが、この考えはいただけません。

「雑談＝中身のないムダ話」は正解ですが、「雑談＝必要のない話」は大きな間違い。雑談は「中身がない」からこそ、する必要があるのです。

極論すれば、私たちの会話は「要件を伝える会話」と「それ以外の会話」の2種類だけ。「雑談」は「要件以外の会話」です。

たとえば、ビジネスの現場は、交渉や契約、確認といった中身のある「商談」と「最近、体調はどうですか？」「ジョギングは続いてます？」といったビジネスとは無関係の中身のない「雑談」で成り立っています。あなたは雑談なしでいきなり商談に入りますか？

つまり、雑談の意義は、以降の商談をスムーズに運ぶための「地ならし」的役割です。あるいは、**その場にいる人たちと同じ空気を共有するため、「場の空気を作る」ために雑談があるのです。**

雑談のおかげで、その場が和み、コミュニケーションが円滑になり、良好な人間関係が築けます。さらには、雑談から思わぬ良い情報が得られたり、相手に厚遇されたりと、チャンスや利益をもたらしてくれることも多々あるのです。

雑談の基本ルール①

雑談は中身がないからこそ、場の空気を作り人間関係を良好にする

英語の雑談ってどんな感じ?

まずは、英語の雑談がどんなものか、いくつかその例を体験してみましょう。まず、以下の雑談に目を通し、リスニング用の音声(L001)を聞いてください。その後、ロールプレイ用音声(RP 002)を使って色文字の役をポーズで演じると、雑談の感覚を味わうことができるでしょう。

① パーティー会場で初対面　🔊 L 001　🔊 RP002

A: Hi.

B: Hello.

A: Looks like a great turnout.

B: Yes. What's your connection to the event?

A: The host is a friend from college. I'm Takashi. Nice to meet you.

B: I'm Patrick. Nice to meet you, too.

訳

A:こんにちは。

B:こんにちは。

A:大盛況ですね。

B:そうですね。どういうご関係でこちらに?

A:主催者が大学時代の友人なんです。私はタカシといいます。よろしく。

B:パトリックです。こちらこそよろしく。

※turnout:(催し物などの)人出、参加者

⋯⋯ **雑談力を上げるコツ** ⋯⋯⋯⋯⋯⋯⋯⋯⋯⋯⋯⋯⋯⋯⋯⋯

知らない人ばかりのパーティーなどで話しかけるのは勇気がいり

ますね。まずは、あいさつから始めましょう。カジュアルな場で初
対面の人にちょっと話しかけるなら、**How do you do?よりも Hi. や
Hello. のほうが自然**です。

　日本人は名前を言うタイミングがうまくない印象がありますが、
話が進んでしまう前に**早いタイミングで名前を伝えましょう**。自分
から名乗ればそのタイミングで相手も必ず名前を教えてくれるはず。
もし状況が許せば握手もしたいところです。

・・・

② とある講演会で再会　　🔊 L 003　🔊 RP004

**A: Hi, I'm Kato. We've met a few times at previous
lectures.**

B: Yes, I remember. I'm Suzan. How have you been?

**A: Good, thank you. We talked about wine last
time.**

B: Oh, yes! I'm really into it now. And you know what?

A: What?

B: I've started visiting wineries.

訳

A：こんにちは、加藤です。以前の講義で何度かお会いしました。

B：はい、覚えています。スーザンです。お元気でしたか？

A：ええ、おかげさまで。前回ワインについて話しましたね。

B：ええ、そうでした！　今ではすっかりはまってしまって。それ
でですね。

A：何ですか？

B：ワイナリー巡りを始めたんです。

以前会ったことがあるなら、前回の状況をきっかけにできます。

be into ~ は「〜に夢中だ」「〜に興味を持っている」という意味
で、口語では頻繁に使われる表現です。likeやloveでも意味は同じ
ですがこちらのほうがカジュアルなので、**雑談では親しみを感じさ
せる便利な表現です。**

似たような表現でI'm hooked on it.（私はそれにはまっています）と
いう言い方もあります。hookedは「引っかかった」という意味です
からイメージしやすいフレーズですね。

· ·

③ 義理のお父さんと　　　　　🔊 L 005　🔊 RP006

A: Do you like jazz, Taku?

**B: Well, yes, Mr. Brown. I like jazz. I'm not very
familiar with it though.**

A: I used to listen to the older stuff, like Dave Brubeck
and Bill Evance, but these days I'm listening to more
modern players.

B: Do you have any favorite players?

A: Oh, yes. Robert Glasper. You should hear him play
the piano!

B: Oh, really? I'll check him out on the music app.

訳

A：拓君はジャズは好きかね？

B：ええと、はい、ブラウンさん、好きです。あまり詳しくはない
んですが。

A：以前はデイブ・ブルーベックやビル・エバンスとか古いのを聴

UNIT 1

雑談は「中身がない」から意味がある

いてたんだが、最近はもっと新しいプレーヤーを聴くようになってね。

B：お好きなプレーヤーがいるんですか？

A：ああ、ロバート・グラスパー。彼のピアノは聴くべきだよ！

B：そうなんですか？　音楽アプリで調べてみます。

--- **雑談力を上げるコツ** --------------------------------

　目上の人との雑談が苦手な人もいるでしょう。相手の質問をきっかけに展開させるのも一手です。

　雑談では**Do you like ~?** と尋ねられることが少なくありません。ウソを言う必要はないのですが、**わざわざNo.と返事をして話の腰を折る必要はありません。**また、そう尋ねる以上相手はそれについて話をしたいはずです。会話のように、**I'm not very familiar with it though.**（詳しくはないのですが）とか、**I'm interested.**（興味はあります）と言って話を促すと盛り上がるでしょう。

　Really?（使用上の注意→ p. 35）は、Oh, を前につけると少しおだやかなニュアンスになるので、お勧めです。

･･

　いかがでしたか？　英語の雑談といっても特殊なものではなく、普段日本語で交わしている雑談とほとんど変わりません。とはいえ、英語の雑談には、いくつかコツや注意点があります。それらはこのあと、適宜、説明していくので、安心してください。

雑談は「あいさつ+α」で始める

　人と会ったらまずあいさつ、これは最低限のマナーですね。相手はさまざまですが、朝会えばGood morning.（おはようございます）、昼会えばHi!（やあ！）、改まった場で初対面なら How do you do?（初めまして）など、人と話すのが苦手という人でも、あいさつぐらいはできるでしょう。いえ、社会人ならできて当たり前です。

　あいさつは、雑談の絶好のキッカケになります。ただ、注意してほしいのは、あくまでも「キッカケ」だという点。つまり、「あいさつ＝雑談」ではないのです。

　いつもの、型どおりのあいさつが「雑談」に成長するかどうかは、あいさつを交わした「あと」にかかっています。

A: Good morning.（おはようございます）
B: It's been cold these days.（最近、冷えますね）

A: How's it going?（景気はどうですか）
B: Well, not so bad.（まあ、ぼちぼちです）

　これではまだ、ただのあいさつレベル。ここから雑談に発展させるには、このあとに「もうひとネタ」、プラスαが必要になります。

　たとえば朝、会社のエレベーター前でアメリカ人の同僚と会ったとしましょう。最初はもちろん、Good morning.、Hi!などとあいさつ。

さて、ここからです。あいさつにひと言、ちょっとした話題を付け加えてみましょう。なんでもいいんです。そのときにたまたま目についたことでも構いません。たとえば……、

> **Oh, I like your bag.**(あっ、いいバッグですね)
>
> といった感じで、ひと言プラスしてみます。すると……。
>
> **Thanks. It wasn't that expensive. But I like the color.**(ありがとう。そんなに高いものじゃないけど、色が気に入って)
>
> などと相手の言葉が返ってきます。
>
> **It's nice. And it goes well with your outfit.**(すてきです。服にも合ってるし)
>
> **Thank you. See you around!**(ありがとう。じゃあ、また！)

これで、ただのあいさつが「雑談」になりました。

あいさつのあとで交わす、ほんの5秒～10秒、プラスαの言葉を足すだけで、相手に対するお互いの感情は大きく変わります。気持ちが打ち解けて「あの人は感じがいい人だ」となるものです。

こうした雑談を交わしたことのある相手というのは、その人の中で自然にポジションが変わってきます。それが人情というもの。「顔見知り」がそれ以上の存在になり、安心感・信頼感さえ覚えることも。

あいさつを交わしたあとの些細なやり取りが雑談であり、コミュニケーションにおいても非常に重要な役割を果たすのです。

雑談の基本ルール②

「あいさつ＋α」は簡単で誰もが始めやすい雑談の基本スタイル

UNIT2

雑談は「あいさつ＋α」で始める

あいさつと+αの表現

　場面やフォーマル度に合わせたあいさつ表現と、覚えておきたい「プラスα」表現を集めました。音声を聞いてから、声に出して言ってみましょう。

普通のあいさつ　　　🔊 L 007

普段

① こんにちは。

➡ **Hi! / Hello.**

② 元気ですか？

➡ **How are you? / How are you doing?**

③ 調子はどう？　元気？

➡ **How's it going? / What's up?** ☺ casual

④ ええ、元気です。そちらは？

➡ **Good. And you?**

初対面

⑤ 初めまして。

➡ **Nice to meet you.**

⑥ お会いするのを楽しみにしてました。

➡ **Looking forward to meeting you.**

久しぶり

⑦ どうしてました？

➡ **What's going on? / How have you been?**

⑧ また会えてうれしいです。

➡ **It's great/good to see you again.**

フォーマルなあいさつ　　　　　　　🔊 L 008

〃普段

① おはようございますホワイトさん。

➡ **Good morning, <u>Mr./Ms.</u> White.**

〃初対面

② 初めまして。

➡ **It's nice to meet you. / It's my pleasure to meet you. / I'm honored to meet you.**

〃久しぶり

③ また会えてうれしいです。

➡ **Great to see you again.**

④ お久しぶりです。

➡ **It's been a <u>long time/while</u>.**

⑤ 久々にお会いできて光栄です。

➡ **It's a pleasure to see you after such a long time.**

雑談力を上げるコツ

Hi. や Hello. はフォーマルな場でもカジュアルな場でも使える便利な表現です。ただ、Long time no see. は「久しぶりです」という意味でもちろん英語としても正しい表現ですが、実際にはそれほど耳にすることはありません。It's good to see you again. や It's been a long time. のほうがよく使われます。

なお、How are you doing? や How's it going と聞かれたときに最も便利な受け答えは、p. 24の④の Good.（元気です）です。

また、初対面の場合、相手が名乗ったら、その後すぐに名前で呼びかけるのが、親近感を持ってもらえるコツです。

A: Hi, I'm Wendy.
B: Nice to meet you, <u>Wendy</u>. I'm Hiroshi.
A: It's great to meet you, <u>Hiroshi</u>.

＋αのフレーズ　　🔊 L 009

持ち物をほめる

① すてきなバッグ／くつ／ネクタイですね。

➡ I like your <u>bag/shoes/tie</u>.

② すてきな／おしゃれな／上品なバッグですね。

➡ <u>Nice/Chic/Stylish</u> bag.

③ その服、すごくカッコいい！

➡ Your outfit is far-out! 😊 casual

天気について

④ 今日は暑いですね？　暑いのは大丈夫なんですか？

➡ It's been hot today, hasn't it? Are you OK
with this hot weather?

⑤ 急に寒くなってきましたね。

➡ The weather got cold really fast.

⑥ この暑さ、本当に耐えられない！

➡ I'm tired of this heat! /
This heat is just heinous! 😊 casual

※ heinous：ひどい、憎むべき

⑦ 雨がやみそうにないですね。

➡ The rain doesn't seem to want to stop.

その他

⑧ 週末／休暇はどうでしたか？

➡ How was your weekend? / How were your

holidays?

⑨ 最近お忙しそうですね。

➡ **You look busy these days.**

⑩ 相変わらずお忙しいんですか？

➡ **Are you still busy?**

⑪ 最近はどんなことでお忙しいんですか？

➡ **What are you up to right now?**

⑫ 今は何のプロジェクトをやっているんですか？

➡ **What project are you working on now?**

⑬ ジョーンズさんはお元気ですか？

➡ **How is Ms. Jones?**

⑭ フェイスブックの投稿見ましたよ！

➡ **I saw you post on Facebook!**

⑮ 駅前に新しいパン屋ができましたね。

➡ **I found a new bakery in front of the station.**

⑯ このところこの辺りは工事が続いてますね。

➡ **This area has been under construction for a while.**

UNIT2

雑談は「あいさつ＋α」で始める

雑談力を上げるコツ

　あいさつに続ける話題は、①**相手の服装や持ち物をほめる**、②**天気について話す**、③**相手の現状や最近の様子について尋ねる**、などが定番であることは日本語も英語も変わりません。

　③と⑥のheinousはカジュアルな表現なので、親しい間柄の相手に使うようにしてください。そのほかはニュートラルな表現でいろいろな場面で使えます。

あいさつ＋αの雑談

あいさつにひと言加える雑談に挑戦してみましょう。以下の会話をLの音声で聞いてから、RPの音声を使って色文字の役をポーズで演じてみてください。

① ステキなバッグですね!　　🔊 L 010　🔊 RP011

A: Hi. How's it going?

B: Good. And you?

A: I'm doing well. Thank you.

B: Wow, I like your bag.

A: Thank you. Actually, this is a hand-me-down from my mother.

B: It's stylish and goes well with your outfit.

訳

A：こんにちは。元気です？
B：ええ、そちらは？
A：元気ですよ。おかげさまで。
B：あっ、すてきなバッグですね。
A：ありがとう。実は、母のおさがりなんです。
B：とても上品で、服装にも合ってますよ。

・・・ 雑談力を上げるコツ ・・・・・・・・・・・・・・・・・・・・・

I like your ~.のほかに、Nice bag!、Nice shoes! といった言い方も一般的です。しかし、**I like your ~.** のほうが使われる頻度は高いでしょう。まずひと言覚えるなら、こちらをお薦めします。このフレーズの良さは、たとえばそれが奇抜なものだったとしても、私はす

てきだと思う、という主観的な意見を込められることでしょう。英
語圏の人々はほめ合うことがとても上手です。そしてほめ合うこと
自体を楽しんでいます。そんな気持ちごとまねできるといいですね。

② 駅前に新しいケーキ店が　🔊L 012　🔊RP013

A: **Good morning, Mr. White.**

B: Good morning, Mr. Kawasaki.

A: **A new cake shop opened near the station.**

B: I know. My wife loves going to cake shops.

A: **That sounds like fun!**

B: It might be if I had a sweet tooth . . .

訳

A：おはようございます、ホワイトさん。

B：おはようございます、川崎さん。

A：駅の近くに新しいケーキ屋ができましたね。

B：知ってますよ。うちの奥さんはケーキ屋巡りが趣味なので。

A：それ、楽しそうですね！

B：もし私が甘党ならね…。

雑談力を上げるコツ

That sounds like fun! や That sounds nice!（よさそうですね！）、
That's a great idea!（いい考えですね！）、Wonderful!（すてきですね！）
などは、雑談では超定番のポジティブな相づちフレーズです。

「そうなんですか？」のつもりで Really? と言う日本人が多いよう
に思いますが、これを連発するのは相手の言っていることを信用し

ていないような印象を与えかねないので要注意です。

. . . .

③初めての打ち合わせの前に　　　◀ L 014　◀ RP015

A: **It's nice to meet you.**

B: I'm pleased that I could finally meet you.

A: **It's been hot today, hasn't it? Are you OK with this hot weather?**

B: Yes, I am. I don't have much appetite, but it's helping me to lose weight.

A: **How is Ms. Jones?**

B: She's fine. We had lunch together the other day.

訳
A：初めまして。

B：ようやくお会いできてうれしいです。

A：今日は暑いですね？　暑いのは大丈夫ですか？

B：ええ。あまり食欲がないですが、おかげで体重は減ってます。

A：ジョーンズさんはお元気ですか？

B：はい、元気ですよ。こないだも一緒にランチしました。

雑談力を上げるコツ

　天気の話題に加え、共通の知人についての話題もお互いに打ち解け合うのに便利です。**The other day, I got a call from Ms. Jones regarding a new product.**（先日、新商品の件で、ジョーンズさんからお電話いただきました）のような表現も役立つでしょう。

. . . .

④ 初対面のご近所さんと　　🔈 L 016　🔈 RP017

A: **Hello, I'm Kenji Murakami. I just moved here last month.**

B: Oh, hi. I'm Rachel. This is a comfortable town to live in.

A: **I found a big park near here yesterday.**

B: Yes. There's a quaint library next to the park, too.

A: **I'll have to check it out.**

B: Yes, you should!

訳

A：こんにちは、村上賢治と言います。先月引っ越してきたんです。

B：こんにちは、レイチェルです。ここは住みやすい町ですよ。

A：昨日、近所に大きな公園を見つけました。

B：はい。公園の隣に雰囲気のある図書館もあるんですよ。

A：それは行かなきゃ。

B：ええ、ぜひ！

※quaint：趣のある、古風な

UNIT2

雑談は「あいさつ+α」で始める

雑談力を上げるコツ

　プラスαの内容は、**相手がよく知っている事柄についてだと相手も話しやすい**はずです。教えてもらうスタンスなら相手から会話も引き出しやすいでしょう。雑談を含め英語での会話は無理に長い文章を作る必要はありません。むしろ簡潔に短い文で話すほうが会話は弾むはずです。

雑談に「結論」は
いらない！

　女性のほうが男性よりも雑談が上手という意見に反対する人はあまりいないでしょう。

　私は、たまに仕事の合間にホテルのレストランで昼食をとることがありますが、ランチタイムは女性の会社員に若い主婦同士、年配の女性グループと、たくさんの女性グループがいます。そして食事をしに来たのか、話をしに来たのかわからないくらい、延々と雑談で盛り上がっている。

　彼女たちはどんな話をしているのだろう——そう思って耳をそばだてて聞いてみると（私も相当に暇ですね）、話題が途切れることなく、自然にあれこれ移り変わっていき、皆が盛り上がっていました。

　つまり、**話に結論がない。まとめがないのです**。

　一方男性は、雑談をしていてもある程度の段階でなぜか締めにかかる傾向が強い。一般論を持ち出したり、話の要点をまとめて「つまりさ、こういうことだよね」と言い出したり。

　すると、その話題はそこで終わりになります。なぜなら、結論が出てしまうから。その結論に対して異論、反論を唱えたら、そこからは雑談ではなくて議論になってしまいます。

　たとえば、「うちの子が、私が楽しみにしていたケーキを食べちゃったんですが、その言い訳が見事なんです」という話に「それはいけないですね。ちゃんとしつけるべきですよ」と返されたら、そこでこの話はほぼ終了。「まあ、それはそうなんだけど……」となるしかない。

　そんなときは紋切り型の結論を言うのではなく……

> A: My son ate the cake I'd left for myself. I was saving the
>   pleasure for later.（息子が、私がとっておいたケーキを食べちゃった
>   んです。楽しみに残していたのに）
>
> B: Oh, poor you!（かわいそうに！）
>
> A: You know what? His excuse was brilliant.（それで、彼の言い訳
>   が見事なんです）
>
> B: What did he say?（何て言ったんです？）
>
> A: He said he dropped the cake on the floor, and so to clean up
>   the mess, he had to cat it!（ケーキを床に落としちゃって、それをキ
>   レイに掃除するには食べるしかなかったって！）
>
> B: Wow! Good for him! Speaking of a brilliant excuse, do you
>   remember the guy we met last week?（おお！ 息子さん、やりま
>   すね！ 見事な言い訳といえば、先週会った男の人覚えてます？）

　こんなふうに、**相づちやとりとめのない展開で、ゆるい感じに話
を流すほうが、会話が弾みます**。

　雑談はあくまで雑談であって議論ではありません。

　結論の是非はこの際どうでもいいし、誰もそれを求めてはいませ
ん（この「誰も求めていない」が重要なポイント）。だからこそ、**無理に話
をまとめようとしない。相づちで話を促す。結論に至る前に、小気
味よく話題を変えていく**。これが雑談を続ける、そして雑談を広げ
る秘けつです。

> 雑談の基本ルール③
>
> **相づちと軽やかな話題転換で、どんどん引き延ばしていくのが正解**

雑談を回す相づちと展開の表現

　相づちの打ち方はいろいろなアプローチが可能です。以下、話の流れ別の相づち表現と、話を展開する際のフレーズを取り上げました。音声を聞いてから、声に出して言ってみましょう。

相づちフレーズ　　　🔊 L 018

聞いているのを示す

① ほー、そうですか？　へえー、そうなんですか？
➡ **Oh, did you/he/she/they?　Oh, have you?**

※主語や時制を相手の発言に合わせて

② そうですね。だよね。
➡ **Right. / Yeah.**

③ うんうん。ふーん。あ、そう。
➡ **Uh-huh.** ☺ casual

理解しているのを示す

④ そうですか。なるほど。そうですよね。わかります。
➡ **I see. / I understand.**

⑤ わかりますよ。
➡ **I see/understand what you mean.**

話を促す

⑥ ええ、それで？
➡ **Tell me more.**

⑦ 詳しく教えてください。
➡ **Let me know more about them.**

⑧ それはどういうことです？　と言うと？
➡ **What do you mean by that?**

⑨ それで？
→ **OK.** ↗ ☺ casual
　　※語尾を上げて発音

ホントに?

⑩ まさか！　本当？
→ **You don't say!**

⑪ ホントに？　マジで？
→ **Seriously?** ☺ casual

⑫ マジで？　それホントなの？
→ **Really?** ☺ casual
　　※連発禁止

⑬ ウソ！　ええっ！
→ **No way!** ☺ casual

⑭ ちょっとやめてよ！
→ **Cut it out!** ☺ casual

⑮ 何それ！　ウソでしょ！　いいなあ！
→ **Get out!** ☺ casual
　　※笑顔で言うこと

同意・賛成

⑯ そのとおり(ですね)。
→ **Exactly. / Definitely. / Absolutely.**

⑰ そうだね。わかります。
→ **I hear you.**

⑱ そりゃそうだね。了解。
→ **Fair enough.** ☺ casual

⑲ 同じく。
→ **Ditto.** ☺ casual

⑳ いいじゃないですか！

➡ **Good for you! / Isn't that great?**

㉑ すごい！　やった！　いいね！

➡ **(That's) Great! / Wonderful! / Awesome!**

㉒ 変ですね。

➡ **That's <u>strange/weird</u>.**

㉓ それはひどい。

➡ **That's <u>terrible/awful</u>.**

㉔ うわー、それは大変。

➡ **Wow, it must be tough.**

㉕ 面白いですね。

➡ **That's interesting.**

㉖ 面白そう／ひどそうですね。

➡ **That sounds <u>interesting/terrible</u>.**

㉗ いいなあ！　うらやましい！

➡ **Lucky you!**

㉘ 彼、やりますね。

➡ **Good for him.**

㉙ 仕方ない。何でもうまくはいきませんよ。

➡ **You can't win them all.**

㉚ 仕方ないね。

➡ **This is business.**

㉛ かわいそうに！

➡ **Poor you!**

> **雑談力を上げるコツ**
>
> 　雑談が苦手な人は、まずは相づちで聞き役に回ることをお勧めします。ただ、日本語では相手の発言中でも「はい」「ええ」「そうですね」のように相づちを打ちますが、英語圏では相手の発言に被るように言葉を発するのは失礼な行為と考える人もいます。したがって、**英語で話をするときの相づちは、相手の発言が終わってから**にしましょう。またはうなづくだけでも最低限聞いていることは伝わります。
>
> 　⑩Seriously?⑪Really?よりはニュートラルです。Really?は相手を疑うニュアンスが強いので使いすぎに注意。
>
> 　⑯のGet out!は本来「出て行け！」という意味ですが、相手にとてもいいニュースがあったときなどに「マジかよ、何それ、最高じゃないか！」のようなニュアンスでよく使われるフレーズです。実生活でも映画などでもしばしば耳にします。
>
> 　㉗の**「うらやましい！」は通常、Lucky you!で、I envy you.とは言いません。**
>
> 　これらの相づち表現は、場面や言い方でニュアンスがかなり変わる場合があります。ぜひセリフの多いドラマなどで、場面に合った発音を確認してみてください。

話を展開するときのフレーズ　L 019

① 彼女の妹といえば、（今、お店のオーナーなんですよ！）

➡ **Speaking of her sister, (she's a shop owner now!)**

② それで思い出しました。

➡ **That reminds me.**

③ ところで、

➡ **By the way,**

④ ～の話になると
　→ **When it comes to ~**

⑤ 話は変わりますが、
　→ **Changing the subject, but**

⑥ 話を変えて悪いんだけど、
　→ **Sorry to change the subject, but** ☺ casual

⑦ それと全然関係ないんだけど、
　→ **Totally unrelated to it,**

⑧ 忘れてしまう前に言っておきたいのですが、
　→ **Before I forget,**

⑨ で、あのね、
　→ **Well, you know,** ☺ casual

⑩ そう言えば、
　→ **Come to think of it,** ☺ casual

⑪ 話題は変わりますが、
　→ **On a different note,**
　　※フォーマルな場面で使う

⑫ ちなみに、ところで、
　→ **Incidentally,**
　　※ビジネスで使う

雑談力を上げるコツ

　ビジネスやフォーマルな場であれば、話題を変えるときには⑪や⑫のような前置きになる言葉はあったほうがいいでしょう。しかし、カジュアルな雑談であれば、Well, you know, ~（で、あのね～）のようなつなぎのフレーズをはさむだけでもOK。会話の多いドラマでは、ここで取り上げたフレーズが登場します。

相づちと展開表現の雑談

　相づちで相手の話を促したり、話を展開したりする雑談に挑戦してみましょう。以下の会話をLの音声で聞いてから、RPの音声を使って色文字の役をポーズで演じてみてください。

① ひたすら相づち　　　🔊 L 020　🔊 RP021

A: Our management team is also insisting that we should promote DX.

B: **I see.**

A: But I don't know what to do.

B: **I understand what you mean.**

A: We have a few other projects coming up, though.

B: **Oh, that's great. Let me know more about them.**

A: I'm not in charge. I'm not sure about the details yet.

訳

A：うちも経営陣がDX（デジタルトランスフォーメーション）を進めろってうるさいんですよ。

B：そうですか。

A：でも、何をしたらいいのかわからなくて。

B：わかります。

A：プロジェクトはいくつか立ち上がっているんですけどね。

B：すごいじゃないですか。もっと教えてください。

A：いや、私は担当じゃないんで。まだ詳しくはわからないんです。

　相づちは、できれば同じ表現は避けたいので、いくつかのバリエーションを身につけておきたいところです。

· ·

② **チョコレートが体にいい？**　　🔊 L 022　🔊 RP023

A: You know what?

B: What?

A: Recent studies found that chocolate is healthier than green tea.

B: Oh, did they? That's interesting.

A: I heard you like chocolate.

B: Uh-huh.

A: It helps prevent heart disease.

B: That's good to hear. Speaking of heart disease, how's Susan?

A: She's OK, I guess.

訳

A：ねえ、知ってます？
B：何ですか？
A：最近の研究によると、チョコレートは緑茶より健康にいいらしいですよ。
B：え、そうなんですか？　それは面白いですね。
A：チョコレートお好きらしいですね。
B：ええ。
A：チョコレートは心臓病を防げるんですって。
B：それはいい知らせですね。心臓病といえば、スーザンはどうし

てますか？

A：元気だと思いますよ。

・ **雑談力を上げるコツ** ・・・・・・・・・・・・・・・・・・・・・・・

**You know what?（あのさ）や Guess what?（何だと思う？）と言われ
たら What?（何？）と返すのが原則です。**決まり文句をはさみ込むこ
とも会話の楽しみのひとつでしょう。

Did they? などは、相手の発言の主語や時制に合わせて使ってくだ
さい。実際には、この会話のように、前に Oh, がつくことが多いで
しょう。

Speaking of ～（～といえば）に続く内容は何でも構いません。実際
にはそこからがらりと話題が変わってしまうことが多いでしょう。

・・

③ 彼、どうしたの？　　🔊 L 024　🔊 RP025

A: I haven't seen David from the accounting department
   recently.

B: Oh, haven't you?

A: Do you know what happened to him?

B: Not really. But perhaps Kate does.

A: Oh, yes, she might know. I'll ask her.

**B: By the way, I found a good Spanish restaurant
   nearby. Would you like to go with me?**

A: Sounds good. When would be good for you?

訳

A：経理部のデヴィッドを最近見かけないんですけど。

B：おや、そうですか？

A：彼、どうしたか知ってます？

B：ちょっとわかりませんねえ。でも、ケイトが知ってるんじゃないかな。

A：かもしれないですね。彼女に聞いてみます。

B：ところで、近所にいいスペイン料理店を見つけたんです。行ってみませんか？

A：いいですね。いつが都合いいですか？

④ キラキラネームについて　　🔊 L 026　🔊 RP027

A: I'm sorry for changing the subject, but what do you think about naming your child something unusual?

B: Personally I think it's best to have something traditional.

A: Oh, do you? What makes you say that?

B: I think it has some implications for their school life.

A: Some implications? What do you mean by that?

B: They might get mocked in school or they might be teased.

訳

A：すみません、話は変わりますが、子供に変わった名前をつけることについて、どう思いますか？

B：個人的には昔からある名前がいちばんだと思います。

A：ほう、なぜです？

B：子供の学校生活に何らかの影響があるのではないかと思うのです。

A：何らかの影響？　どういう意味ですか？
B：学校でいじめられたり、からかわれたりするかもしれないということです。

・・・ **雑談力を上げるコツ** ・・・

　雑談④のAの3つ目の発言にあるSome implications?のように、相手の発言をそのまま繰り返すのも相づちテクニックのひとつです。

・・

UNIT3

雑談に「結論」はいらない！

UNIT 4 雑談はサクッと切り上げるもの

　結論を出さずに話題を小気味よく変えていくのが、雑談の妙でした。しかし一方で、話をうまく切り上げられない、上手に終われないのが原因で、雑談が苦手だという人も多いようです。

　雑談が下手な上に、終わらせたくても終えられない。これでは気詰まりをなくすどころか、自分にも相手にも「困った状況」になってしまいます。

　相手が目上の人なのでこちらのタイミングで終わりをなかなか言い出せない、プライベートな質問をされたのでそろそろ逃げたい、といった状況もあるでしょう。

　そこで、「話の切り上げ方」が、雑談における大切なポイントのひとつになるのです。

　私は仕事柄、数多くの大学生と顔を合わせます。その中には、授業のあとに立ち話的な雑談を仕掛けてくる学生がいます。その中のひとりを、仮にA君としておきましょう。彼はしょっちゅう、

「先生、今度飲みに連れてってくださいよ〜」
「最近お薦めの本とか映画はないですか」

といった感じで雑談を仕掛けてきました。
　ただ、A君がやってくるのは、私が次の授業がある別の教室に向かう移動時間だけでした。時間にして1分あるかないか。歩きなが

ら、教室から次の教室へと移動する間、彼の雑談に付き合うのはいつもそのタイミングだったのです。

　私にしてもまったくのすきま時間なので、話しかけられても全然気になりません。むしろ、いい気分転換になるし、私のほうでも彼の雑談の相手ができる体制になっている。

　だから、彼との雑談は私にとっても気持ちがいいのです。

　さらに、彼の雑談の良さは、去り際が実に潔いこと。話がどんなに途中でも、雑談の内容としては尻切れトンボになっていても、私が教室に到着すると、

「じゃ、どうも。次の講義もがんばってください」
「それじゃ、このへんで。ありがとうございました！」

と言って話を終わらせて去っていく。実にさっぱりしているんです。
　終わりがわかるから気楽に話せる。「それでは」「じゃあまた」は、気持ちよく雑談をするためのキラーフレーズでもあるのです。

　結論はないけれど、潔く終わらせる。相手に失礼な印象を与えずに切り上げる。これが「いい雑談」の条件のひとつです。

雑談の基本ルール④

話をうまく切り上げるキラーフレーズを持つことが重要

UNIT4 雑談はサクッと切り上げるもの

43

雑談をサッと切り上げる表現

　話を自分のタイミングで切り上げる際の表現です。カジュアルマークがない表現はどんな場面でも使えます。音声を聞いてから、声に出して言ってみましょう。

話を切り上げるキラーフレーズ　　　　　　◀L 028

定番

① もう行かなくては。
→ **I have to go (now). /I should get going. / I should head off. / I'd better get going.**

② ああ、こんな時間ですね。
→ **Oh, it's getting late.**

③ (時計を見ながら)あっ、もう行かないと。
→ **Oh, I have to go.**

④ そろそろおいとまします。
→ **We're about to leave.**

カジュアル ☺ casual

⑤ もう行かなきゃ。
→ **I've got to go (now). / I gotta go now. / I've got to get going. / I'll be off. / I've got to run. / I'd better go.**

⑥ すぐに出ないといけない。
→ **It's time for me to leave. / I should leave shortly. / I'll leave shortly.**

⑦ (時計を見ながら)あっ、こんな時間だ！
→ **Oh, look at the time!**

⑧ じゃ、行くね。

➡ **I'm going now. / OK, then. I'm off.**

⑨ またね。

➡ **Have a good one! / I'll let you go.**

⑩ （とにかく）ありがとう。

➡ **Thanks anyway.**

ビジネスで

⑪ お話できてよかったです。

➡ **It was nice talking to you.**

⑫ 本日はお時間をいただきありがとうございました。

➡ **Thank you very much for your time today.**

⑬ では、（オフィスに）戻ります。

➡ **Well, I have to get back to (the office).**

UNIT4

雑談はサクッと切り上げるもの

雑談力を上げるコツ

①、⑤、⑥の表現には、I'm afraid I have to go now.（残念ながら、もう行かなくては）のように **I'm afraid** をつけると丁寧になります。

⑨の I'll let you go. は「あなたを解放してあげる」が直訳ですが、実際には「またね」という意味です。日本人が口にしたのを聞いたことがありませんが、使ってみてほしい表現です。「引き留めて悪かった」というニュアンスが含まれています。長電話の終わりや、次の現場に向かう同僚との雑談を切り上げるフレーズとしては最適です。ただ、相手の話が90％以上だった場合には、やや皮肉に聞こえるので注意が必要です（映画などではむしろこちらの使い方が多く、笑いを誘う表現です）。

⑩や⑪の前に Thank you very much. を入れると、さらに丁寧にできます。

会話をサクッと切り上げる雑談

　雑談をサッと切り上げる練習をしてみましょう。以下の会話をLの音声で聞いてから、RPの音声を使って色文字の役をポーズで演じてみてください。

① 知人・友人との会話を切り上げる　🔊 L 029　🔊 RP030

A: This is why the Japanese have such short sleeping hours.

B: That's really interesting. Oh, I have to go.

A: OK, let's talk about this again some other time.

B: Sure thing! See you soon.

A: Yes, I have another theory I'll tell you about.

B: Yes, let me hear it. I'll LINE you.

訳

A：日本人の睡眠時間が短いのはこういう訳なんだ。

B：興味深い話だわ。あ、私、もう行かなきゃ。

A：わかった、また今度話そうよ。

B：もちろん。また会いましょう。

A：だね。これについては別の説もあるんだ。

B：ぜひ聞かせて。LINEするわ。

雑談力を上げるコツ

　実際の会話では、BのOh, I have to go.のように、Oh,（あっ、）やWell,（えっと、）などで切り出すのが自然です。

② 仕事相手との会話を切り上げる　　🔊L 031　🔊RP032

A: As you know, customers are sometimes all uptight and defensive.

B: Your advice is always helpful, Mr. Ryan. Thank you very much.

A: You're very welcome.

B: Oh, it's getting late. I'm afraid I'd better get going.

A: If you feel unsure about anything, feel free to contact me.

B: I do appreciate it.

A: No problem.

訳

A：知ってのとおり、顧客はときにとても緊張して身構えているものだからね。

B：ご助言はいつも大変参考になります、ライアンさん。ありがとうございます。

A：遠慮はいらないよ。

B：ああ、こんな時間ですね。おいとましなければ。

A：何か不明なことがあればいつでも連絡してきたまえ。

B：ありがたいお言葉です。

A：いやいや。

英語の雑談でNGの話題とは？

━━┫カン・アンドリュー・ハシモト┣━━

　クリスマス商戦華やかな年末の日曜日、街中で偶然会った外国人の友人に思わず笑顔で "Merry Christmas! Are you buying some presents?"（メリークリスマス！　プレゼントを買いに来たの?）と言ってしまった経験はありませんか?

　実はこれ、アメリカ人でも思わず口にしてしまいそうなセリフです。しかし、最近は避ける傾向にあります。

　英語で外国人と雑談をするときに避けたほうがいい話題は「政治」と「宗教」だとよく言われます。「そんなこと知ってるよ」と思われるかもしれません。でも上のような状況であれば、あなたも言ってしまいそうだと思いませんか?

　クリスマスはあくまでもキリスト教のお祝いのイベントであり、宗教によっては祝わない場合もあるのです。プレゼントを贈らない人たちも少なからずいます。何気ないひと言のようですが「プレゼントを買いに来たの?」も気をつけなければならない表現のひとつです。

　本来は、相手がキリスト教徒であると知っている場合、そして自分もキリスト教徒である場合に交わし合う言葉です。近所の人たち全員が同じ教会に行くようなアメリカの田舎では今でも上記のセリフは交わされています。しかし、ニューヨークやロサンゼルスのような大都会では**Christmasという言葉を避け、Happy holidays! が多く使われています**。

　……と、少しだけ警告じみたことを書いてみました。

　実際は、日本人が日本で外国人に話しかけるのであれば、それほど問題はないでしょう。日本で暮らしている外国人は日本人

がとてもおおらかな、ある意味特殊な宗教観を持っていることを
よく知っています。クリスマスもお正月もハロウィンもお盆もバレ
ンタインデーも七夕もそれぞれを素直な気持ちで祝い、楽しんで
いるのを。日本に1年もいればそれを学ばない外国人はいませ
ん。仏教徒でもクリスマスを祝ってプレゼントを贈り合うことは
現代の日本文化のひとつだと言えるでしょう。あなたも相手も日
本にいる限りは上記のセリフは口にしても特に問題はないと思い
ます。ただし、あなたが外国にいる場合は別です。**世界的に見
れば日本人の宗教観は特殊だからです。**

　日本にいたとしても「毎週教会に行くの?」「世界は7日ででき
たと本当に思ってる?」というような質問は避けるべきです。こ
れらは実際に、私の友人のアメリカ人が日本人から受けた質問
ですが、彼はそのあと長いことその問いに気を悪くしていました。
宗教は日本人が想像するよりもずっとデリケートで個人的な話題
です。雑談ではMerry Christmas!くらいにとどめておきましょう。

　政治も避けるべき話題とよく言われていると書きました。しか
し、私も含めて日本に住むアメリカ人の友人たちが、2020年に
日本人にとても多く聞かれた質問のひとつはこれです。

　"What do you think of President Trump?"(トランプ大統領のこ
とをどう思う?)。

　トランプ氏はさまざまな面で特異な大統領でした。ですから
意見を尋ねたくなる気持ちはわかります。ただ、これはやはり個
人個人の政治的なポリシーに関わる事柄です。**アメリカ人であ
れば、雑談の話題として気軽に取り上げてほしくない、と思う
人が多いです。**

　「首相の言ってること、あれ、本当かな?」「野党は野党でだ
らしないですよね」というようなセリフが雑談として通勤電車の
中で聞こえてくる日本では考えにくいことかもしれません。アメリ

カでは選挙でどちらの候補に票を入れたのか、家族間でも教えないことは珍しくありません。

　何をデリケートな話題と考えるのか、それはその国の文化によるのだと思います。

　誤解しないでくださいね。もしかしたら、アメリカ人は世界中でいちばんおしゃべり好きな国民なのではないかと私は思っています。イギリス人には議論好きな人が多いです。私の知り合いのオーストラリア人は皆おしゃべりで議論好きです。アメリカ人、イギリス人、オーストラリア人に限って言えば、本気で意見交換をするのであれば、政治の話題もときには宗教の話題でさえ、本当は嫌いではありません。バーやパブ、ときにはカフェや公園で、親しい人たちの間ではそれらは話題として上ります。ただしその場合は、相手の考えや生き方を尊重して真剣に意見を述べ合うのであって、**雑談とは違います。雑談は雑談だからこそ、話題選びにおいて、文化が異なる人との間では気を使わなければならない**のだと思います。

雑談力を上げる
テクニック

英語の雑談力を上げるための、より具体
的なテクニックを9つ取り上げます。自分
や場面に合った表現を覚え、会話練習を
して本番に備えましょう。

なにはともあれ 「ほめる」!

「雑談せよと言われても、何を話せばいいのやら……」

迷ったら、まず「ほめる」ことです。どんな些細なことでもいいので、ほめるのが雑談の基本テクニック。それも大げさに考えず、「とりとめのないこと」を「さり気なく」ほめる、でいいのです。

理由は簡単。雑談とは、場の空気を温め、距離を近づけるためのものだからです。相手に一歩近づくには、ほめることがいちばんの近道なのです。

ほめられてうれしくない人はいないでしょう。そして、よほどのひねくれものでもない限り、ほめられれば「この人は自分を悪くは思ってないな」と感じるものです。

「それほど親しくない相手のどこを、いきなりほめればいいの?」と戸惑う人もいるでしょう。

そんなときはずばり、**今、目の前にいる相手の「見えるところ」を、とりあえずほめるのです**。今日のシャツ、ネクタイ、髪型、バッグなどなど、ほめる対象はたくさんあります。

「ほめる雑談」は、「私はあなたのことを好意的に受け入れています」というメッセージ。Today's tie is very stylish.(今日のネクタイ、すごくおしゃれですね)のひと言は、ネクタイをほめることで、その人本人への好意を表現しているのです。

ですからこの際、ネクタイのセンス云々はどうでもいい。たとえ趣味の悪い柄だろうが関係ありません。これは雑談における非常に重要なポイントです。**ほめる「内容」ではなく、ほめる「行為そのもの」に、雑談の目的があるのです**。ここを勘違いすると、「お世

辞」や「ゴマすり」になりかねません。

　価値観は人それぞれ。雑談は、価値観を表明したり、押し付けたり、議論したりするものではありません。相手を「受け入れる」ための行為です。したがって、極論すれば、「何でもほめればいい」のです。

　日本人はさり気なく、無難に人をほめられないというか、ほめることに緊張感を持ってしまう人が多い。「ほめたいけど、やっぱりウソは言えないし……」となるのでしょう。

　たとえ相手のネクタイが「ちょっとどうなんだろう……」と思っても、次のように言えば立派な「ほめ」になります。

> **I like your tie. It looks great on you.**
>
> （すてきなネクタイですね、似合っていますよ）
>
> **What a nice tie! It's an interesting pattern.**
>
> （すてきなネクタイですね！　柄が面白いです）

と、ともかくポジティブな感想を言うのが大事。英米人、特にアメリカ人はほめるのが上手です。人に会うととにかくほめます。ほめられるのにも慣れているので、「ほめ」は雑談のキラーパスと言えるでしょう。ほめれば、たいてい「いや、実はこれね……」といった返事が返ってきて、会話が弾むこと請け合いです。

> 雑談力を上げるテクニック①
>
> **さり気なく、ポジティブに、思ってなくても、相手の見えるところをとにかくほめる**

UNIT5

なにはともあれ「ほめる」！

相手をほめる表現

目についたところをほめるフレーズと、ほめづらくてもほめるフレーズ、相手の行動をほめるフレーズです。音声を聞いてから、声に出して言ってみましょう。

目についたところをほめるフレーズ　　◀L 033

① すてきな(持ち物)ですね！　Nice +持ち物!
→ **Nice tie!**(すてきなネクタイ！) / **Nice coat!**(すてきなコート！) / **Nice shoes!**(すてきなくつ！) / **Nice skirt!**(すてきなスカート！)

② すごくすてきな(持ち物)ですね！　What a +持ち物!／This is such a +持ち物.
→ **What a beautiful dress!**(すごくすてきなドレスですね) / **This is such a pretty bag.**(とてもかわいいバッグですね)

③ すてきな〜ですね。　I like ~.
→ **I like your bag.**(すてきなバッグですね) / **I like your watch.**(すてきな時計ですね)
→ **I like the color**(色) / **shape**(形) / **texture**(質感) / **fabric**(生地) / **design**(デザイン) / **combination**(色の組み合せ).
→ **Nice tie! I like the color!**(すてきなネクタイですね！　色がいい！)
→ **Pretty shoes! I love the design.**(かわいいくつ！　デザインがすごくいいですね)

④ それ、いいね！

➡ I like it!

⑤ それ似合っていますよ。

➡ It looks good on you.

⑥ 〜が似合っていますよ。　~ look(s) good on you!

➡ That dress looks good on you! / That watch looks great on you! / Those earrings look great on you!

⑦ 〜(色)が似合いますね。　You look good in ~

➡ You look good in red/black.

⑧ いつもおしゃれですね。

➡ You always look stylish.

雑談力を上げるコツ

　上記の表現はいずれもフォーマル度を気にせず使えます。

　①のtieに替わる言葉は身に着けているものなら何でもOK。ほかに、shirt / scarf / hat/ jeans / outfit（服装全体）など。niceはamazing / beautiful / awesome（以上、すてき） / chic（上品な） / classy（一流の、高級な） / lovely / pretty（かわいい）などと入れ替え可能です。

　①をさらに強調したい場合は②のWhat a ~ ! This is such a ~.が便利です。くつや手袋、イヤリング、ズボンは複数形にするのを忘れずに。どちらかと言うと女性のほうがよく使う言い方です。**日本人には大げさに感じるかもしれませんが、英語ではさほど大げさなニュアンスはありません。**

　③のI like 〜.は、身に着けている物だけでなく、その色や形などにも言及できます。①は若干カジュアルな表現ですが、③**と組み合わせればフォーマルな場面でも問題なく使えます。**

UNIT5

なにはともあれ「ほめる」！

① 着心地良さそうですね。

➡ **That looks comfortable.**

② 着心地良さそうだね。

➡ **That looks comfy.** ☺ casual

③ 暖かそうだね。

➡ **That looks cozy.**

　※カジュアルな服装に対してのみ

④ 今の季節にぴったりですね。

➡ **This is a season-appropriate look. / This is perfect for this season.**

⑤ あなたの服装いいですね。

➡ **I like your style. / Your style is so cool.**

⑥ あなたの着こなしがすてきです。

➡ **I like the way you dress.**

⑦ あなたのファッション／服のセンスがすてきです。

➡ **I love your taste in fashion/clothes.**

⑧ 面白い模様ですね。

➡ **That's an interesting pattern.**

⑨ どこで買ったんですか？

➡ **Where did you get it?**

⑩ どこのヤツ（ブランド）？

➡ **Where is that from?**

➡ **Wow, interesting/nice shirt! Where did you get it?**（面白いシャツですね、どこで買ったんですか？）

⑪ 似合ってます。

→ **Oh, that's cute! It looks good on you!**（かわいい！
とても似合うわ！）**/ I love your outfit! It suits you.**

（服装すてきです。似合ってます）

雑談力を上げるコツ

　⑤のstyleは「体型」という意味ではなく、ファッションのス
タイル（服装）のこと。**どこがいいのか明確にしないことがポイ
ントです**。理解できない服装をしている人をほめるには便利な
フレーズですよ。

　たとえばカエルが一面にプリントされたシャツを見て、一瞬
ほめづらいと思っても、無理にウソを言う必要はありません。
Nice ~. / It looks good on you. / I like it! などの表現を覚えてお
けばどんな服装にでも使えます。

　interestingは「興味深いが私自身はその趣味は理解できない」
といったやや皮肉なニュアンスを含む場合もあります。ウソで
ないならniceを使うほうが誤解は生まないでしょう。

行動をほめるフレーズ　　　　🔊 L 035

定番

① がんばったね！

→ **You did a great job!**

② 君ならできると思っていたよ

→ **I knew you could do it.**

③ 素晴らしい！

→ **I was impressed!**

④ 素晴らしい出来です

➡ **This is really well done.**

⑤ その調子（でがんばれ）！

➡ **Keep it up!**

⑥ 本当によくやり遂げました。

➡ **You really pulled that off.**

ビジネスで

⑦ よくやりましたね！

➡ **Job well done!**

⑧ あなたの仕事に感心しました。

➡ **I was impressed with your work.**

⑨ 君のがんばりに敬服するよ。

➡ **I respect your hard work.**

⑩ 君の仕事ぶりは素晴らしい。

➡ **You're very professional.**

⑪ これからも良い仕事を頼む！

➡ **Keep up the good work!**

⑫ 頼りにしてるよ。

➡ **I'm counting on you.**

⑬ 期待以上の出来でしたよ。

➡ **You've gone above and beyond.**

⑭ あなたがいてくれると本当に助かります。

➡ **You've made a huge difference.**

⑮ 君が私のチームにいて誇りに思う。

➡ **I'm proud to have you on my team.**

相手をほめる雑談

相手をとにかくほめる雑談に挑戦してみましょう。以下の会話を
Lの音声で聞いてから、RPの音声を使って色文字の役をポーズで演
じてみてください。

① 目についたところをほめる　🔊 L 036　🔊 RP037

A: Hello, Cindy.

**B: Good afternoon, Mr. Wan. Wow, what a nice
jacket!**

A: Thank you. I found it in London last year.

B: Oh, did you? It looks classy.

A: Well, it was pretty cheap actually. But I like it.

**B: I do, too! You have great taste. It looks good on
you.**

訳

A：やあ、シンディー。
B：こんにちは、ワンさん。あら、すてきなジャケットですね！
A：ありがとう。去年、ロンドンで買ったんだ。
B：そうですか。高級そうな感じですね。
A：実はかなり安いんだ。でも気に入ってて。
B：すてきですもの！　センスいいですね。似合ってます。

······ 雑談力を上げるコツ ·······································

英語では会話の冒頭で相手の名前を言うのが自然です。実際の会
話ではぜひ名前を言いましょう（日本人は相手の名を言わないことで有
名ですから）。

ほめるときは日本語よりも大げさな表現を使うことをお勧めします。英語ではそれくらいがちょうどいいです。**発音や文法を気にするよりも、表情で気持ちを表してください**（表情も日本人はやや苦手な人が多いですね）。

. . . .

② ほめづらいけどほめる　　◀L 038　◀RP039

A: Hey, how's it going?

B: Good, thanks. Oh, that's a cute umbrella!

A: Do you really think so?

B: Of course. I like it. Where did you get it?

A: Well, it was a birthday present from my son.

B: Ah, that's why . . . Anyway I love his taste.

訳

　A：やあ、元気？
　B：元気よ、ありがとう。あら、キュートな傘ね。
　A：本当にそう思う？
　B：もちろんよ。いいわね。どこで買ったの？
　A：実は息子からの誕生日プレゼントなんだ。
　B：ああ、そういうこと……でもセンスいいと思うわ。

. . . . . **雑談力を上げるコツ** . . . .

　I like it.、I love your taste.、It looks good on you. などは自分の感想ですから、正解・不正解の問題ではありません。**雑談の目的は、相手の持ち物が「本当に」すてきかどうかに言及することではなく、こういった言葉を交わすことで相手を笑顔にすることです**。英語に

はそれに対応する表現が数え切れないほど存在します。いろいろな
表現で、相手の心をほぐすことができればすてきですね。

. . . .

③ 親しくはない同僚をほめる　　🔊 L 040　🔊 RP041

A: I got to see your marketing proposal the other day, Ms. Jones. I was impressed with it.

B: Oh, you've seen it already. It took a lot of time.

A: I'm sure it did. But it was worth it. I'm looking forward to seeing the results.

B: Yes, everyone in the sales department is expecting a lot from me. I'm under a lot of pressure.

A: You can do it! Keep up the good work!

訳

A：先日、あなたのマーケティング提案を拝見しましたよ、ジョーンズさん。素晴らしいですね。

B：ああ、もうご覧になったんですね。すごく時間がかかったんです。

A：そうでしょうね。でも、その価値はありましたよ。結果が楽しみです。

B：ええ、営業部のみんなが私にかなり期待してます。結構なプレッシャーです。

A：大丈夫ですよ！　がんばってください！

UNIT5

なにはともあれ「ほめる」！

否定から始めない!
肯定・同意・共感が前提

たとえば相手が、

A: I saw that new Brad Pitt movie the other day. It was interesting.

　(こないだ、高評価の映画を見まして。面白かったですよ)

と言ったとします。実は、あなたもその映画を見たのですが、つまらなかったとしましょう。

　ここで、あなたならどう返しますか?

B: I found it boring. I don't know how it got good reviews. (あれはつまらなかったですよ。なぜあんなに評判になってるのかな?)

B: Was it? I'm not a fan of him. (そうですか?　私は彼のファンじゃないんですよ)

のような答えをすると、話はそこで強制終了。

　ここは、代わりに、

B: Right. It was a typical story line, but Brad Pitt was good as the leading character. (そうですね。ストーリーは典型的だったけど、ブラッド・ピットは主演として良かったですね)

B: I thought so, too. Putting aside the actors' performances, the film was beautiful. (私もそう思います。俳優の演技はともかく、映像美は素晴らしかった)

などと返せば、

A: I like Kristen Stewart. She was gorgeous. (私はクリステン・スチュワートが好きで。彼女は素晴らしかった)

B: I remember I saw her in "Twilight."（彼女は『トワイライト』で見たのを覚えてます）

A: You've got to see it on the big screen.（あれは大きいスクリーンで見ないとだめですよね）

などと、話が広がっていきます。

ここで重要なのは、「頭から否定しない」「反対意見から入らない」こと。相手が自分の好きなことを話しているのに、最初から「いやいや」「そうじゃなくて」「そうは思わない」では、場の空気を作るどころか、台無しにしかねません。

英語圏では正直に反対意見を言ったとしても日本ほど失礼になることはありませんが、それでも、相手の話をプラスの方向に展開すると、相手も気持ちよくその話題を広げようという気になります。そのためには、**興味のない話題や嫌いなことでも「否定から始めない」「いったん共感する」「まずは同意する」といった配慮が必要です**。これは前項の「ほめる」に通じる部分がありますね。

そもそも雑談している人が、自分とまったく同じ趣味嗜好であることなど普通はありえません。雑談相手と趣味が違う、好みが異なることはよくあることです。

だからこそ、**自分の好き嫌いは置いておいて、どんなものからも良さや長所を見出す努力をする。それが雑談の話題を増やし、良好な人間関係を築くための重要なスキルのひとつなのです**。

(雑談力を上げるテクニック②)

　　相手の話や意見に、まずは「肯定」「同意」「共感」で答える

UNIT6 否定から始めない！ 肯定・同意・共感が前提

肯定・同意・共感する表現

相手の発言に対して肯定・同意・共感する表現と、自分の意見も織り込むフレーズです。音声を聞いてから、声に出して言ってみましょう。

肯定・同意・共感のフレーズ　　◀ L 042

① そうですね。確かに。
→ Yes. / Right. / Sure.

② おっしゃるとおり。言えてる。
→ You can say that again. / Absolutely. /
Definitely. / That's true.

③ ですよね。わかります。
→ I know. / Just as I thought! / I know/see what
you mean. / I know how you feel. / I hear
you. / I got you.

④ まったくそのとおりです。
→ You're absolutely right. / That's absolutely
right.

⑤ 私もそう思います。
→ I think so, too. / I feel the same (way). / I'm
on the same page. / I'm with you.

⑥ 私も（同じ）です。
→ Same here. / So do I. / So can I. / So would I.
/ Me, too.

⑦ 同感です。賛成です。
➡ **I agree with you.**

⑧ 大賛成。ホント同感。
➡ **I'm all for it. / I couldn't agree more. / Couldn't agree more. / I totally agree.**

⑨ 確かに！　まさに！
➡ **You bet! / It sure is!**

⑩ なるほど。
➡ **Got you.** ☺ casual
　※2つ目の発音は特にカジュアル

⑪ それはそうですね。
➡ **I think that makes sense.**

⑫ そういうこと、ありますよね。
➡ **It happens.**

⑬ 私にもそういうことがありました。
➡ **I've been there.**

⑭ そうでしょうね。
➡ **I suppose so. / I can imagine that. / I would think so. / No wonder. / I bet.**

100%ではないけれど

⑮ まあ、そうですね。
➡ **I guess so.**

⑯ そうかもです。かもね。
➡ **You may be right. / You could be right. / Could be right.**

⑰ それはいいですね。

➡ **That's nice.**

⑱ すごい！

➡ **Great!**

⑲ 大変だったんですね。

➡ **That must be tough.**

⑳ つらいですよね。

➡ **I feel the pain. / I can imagine how you feel.**

㉑ そんなわけないじゃないですか。

➡ **Of course not.**

雑談力を上げるコツ ･･････････････････････････････

　⑪以外のフレーズはフォーマル度を気にせず、さまざまな場面で使えるものです。**大切なのは「あなたの話を聞いてますよ」という気持ちを込めることです。**

　③のI got you.、⑪のGot you. は「わかった」「了解」という意味もありますが、「わかる」「なるほど」という共感の意味でも使えます。

　⑦のSo do I.、So can I.、So would I. は相手の言葉の動詞や助動詞に合わせて使い分けましょう。

　⑩のYou bet!は、「もちろんいいですよ！」という意味もありますが、同意する際にも使えます。

　これらは全部覚える必要はありませんが、同じフレーズばかり繰り返すの避けるため、いくつか覚えて、使い回してみてください。

自分の意見を入れつつ、共感するフレーズ　🔊 L 043

① そうですね。あの曲は彼女の最高傑作ですね。

➡ **Right. It's the best song she's ever done.**

② 同感だけど、ディカプリオはイマイチだったね。(映画)

➡ **I feel the same way, but I don't think DiCaprio was good enough.**

③ 同感ですが、ページ数が多すぎて疲れました。(本)

➡ **I agree with you. But it was such a long novel that I got tired.**

④ 同感です。会議に2時間は長すぎですよね。

➡ **I feel the same. A two-hour meeting is way too long.**

⑤ そうでしょうね。でも、人は感情の生き物ですからね。(人間関係)

➡ **You may be right, but people have emotions.**

⑥ 私もそうでした。大変な交渉だったでしょう。

➡ **I've been there. It must have been a tough negotiation.**

⑦ つらいですよね。そういう人とは距離を置いたほうがいいと思いますよ。

➡ **I can imagine how you feel. I think you need to distance yourself from those kinds of people.**

肯定・同意・共感する雑談

　相手に共感する雑談に挑戦してみましょう。以下の会話をLの音声で聞いてから、RPの音声を使って色文字の役をポーズで演じてみてください。

① とにかく同意する　　　🔊 L 044　🔊 RP045

A: It was the single most romantic scene I've ever seen.

B: Absolutely. You can say that again.

A: I'm pretty sure it was the greatest movie of the last decade.

B: I couldn't agree more.

A: But you know, how come Brad Pitt isn't my husband?

B: That's a tough question.

訳

A：私の人生の中でいちばんロマンティックなシーンだったわ。

B：本当だね。まったくそのとおり。

A：ここ10年で最高の映画だって言い切れるわ。

B：同感だね。

A：それにしてもなぜブラッド・ピットは私の夫じゃないのかしら。

B：それは難しい質問だ。

・・・　雑談力を上げるコツ　・・・・・・・・・・・・・・・・・・・・・・・・

Absolutely. You can say that again. と同じような内容を続けても**強調しているだけで、問題はありません**（3つ並べるのはくどすぎますが）。

That's a tough question. は、明言を避ける、賛否をはぐらかす、時

間を稼ぐときに便利な表現です。

. . . .

② 会議を終えて   ◀ L 046 ◀ RP047

A: Well, that was a long meeting. Thank you for your time.

B: It sure was. Two hours is too long.

A: Yes, probably. It's rare, though.

B: I suppose so. But in Japan, it's quite common for meetings to go on for too long.

A: That's what I heard. Do you think there's a problem with meeting procedures?

B: Maybe. If you attend a meeting without any suggestions or opinions, it takes much longer.

訳

A：長い会議でしたね。お疲れさまでした。

B：本当に。2時間は長すぎですよね。

A：そうですね。こんなに長いのは珍しいんですけどね。

B：そうでしょうね。日本ではよくありますが。

A：そうらしいですね。会議のやり方に問題があるのではないですか？

B：そうかもです。会議は、提案や意見を持って参加しないと長引きますからね。

A: I was much more accepting of nuclear power before the Fukushima accident.

B: I know what you mean.

A: I still think it's a better option as far as greenhouse gas emissions are concerned compared to fossil fuels, I mean.

B: Yes, I think so too. But it has safety issues and pollution issues.

A: Yeah. That's why my opinion has changed slightly.

訳

A：私は福島の事故前は原子力発電をもっと容認していました。

B：おっしゃる意味はわかります。

A：温室効果ガスの排出に関しては、化石燃料よりも良い選択肢だといまだに思っているのですが。

B：それはそうですよね。でも、安全性の問題や汚染の問題もあるわけで。

A：ええ。だから私の意見もちょっと変わってきているんです。

雑談力を上げるコツ

I know what you mean. は、必ずしも相手に賛成しているとは限らないフレーズです。言っている意味は理解できるが、全面的に賛成しているわけではない場合もあります。

相手の話に「質問」で切り返す

「私は口下手だから、雑談は苦手……」

そういう人こそ、雑談上手になれる可能性があります。なぜなら、「聞き役に回る」ことさえできればいいからです。

雑談は、自分よりも相手に話の主導権を握らせるほうが盛り上がります。

「主導権を握らせる」とは、自分から話を進めるのではなく、相手から話を引き出すこと。つまり、あなたが話し上手である必要はまったくありません。

それよりも大事なのは、相手から出てきた言葉に「質問」という形で切り返す力です。

これだったら「聞き上手」でない人でも、何を話していいのかわからない人でも、すぐに実践できるでしょう。いえ、これをやるだけで、聞き上手に変身できます。たとえば猫の話題が出たとします。

I have a cat.（うちは猫を飼っているんですけどね）

こう振られたらどうしますか？

I recently got a cat, too.（私も飼い始めたんです）

という「自分の話」ではなく、

What kind of cat is it?（どんな種類の猫ですか？）

と、「相手からの答え」を引き出せるような質問をするのです。**自分の話をする場ではないと割り切って、相手の話に質問で返していく。これだけで話は確実に盛り上がります。**

　相手の話に、質問というご馳走を付けて反応する。そのご馳走に相手が食いついてきたら、共感や感嘆の表現をはさんだりしつつ、さらに次の質問をする。そうすることで、自分が主体で話をしなくても、雑談は見事に成立します。ここでは話題が豊富とか、おしゃべりが好きとか、話し方が上手といったことは関係ありません。

　人間、自分が好きな物事について話を振られると、そのことについて語りたくなるもの。そうすれば、否が応でもその雑談がダーッと盛り上がります。

　いくら自分がうまく話をしようと思っても、相手がその話に食いついてこなければ会話が終わってしまう可能性もあります。

　絶対に外さない話題というのは、相手の興味のある話なんです。

　相手の話題について知らなければ、「それって何？」と素直に質問しましょう。相手は教えたくてうずうずしているのですから。

　ひととおり話し終えたあとに、「で、あなたは？」と振られたら、そこで初めて「うちでも最近、猫を飼い始めましてね」などと答えればいいのです。

　このように、**話下手な人ほど、雑談の潜在能力は大きいのです。**

> 雑談力を上げるテクニック③
>
> **相手の話に「質問」で切り返す**

相手の話に質問で切り返す表現

　相手の話に質問というエサを付けて返すときの表現です。音声を聞いてから、声に出して言ってみましょう。

切り返すときの質問フレーズ　　　　　🔊 L 050

① A：犬を飼っているんです。
　 B：どんな種類の犬ですか？
　 A: I have a dog.
　 B: **What kind of dog do you have?**

② A：映画観賞が趣味なんです。
　 B：どんな映画がお好きなんですか？
　 A: I like to watch movies.
　 B: **What kind of movies do you like?**

③ A：カラオケが好きなんです。
　 B：どんな音楽がお好きなんですか？
　 A: I like to sing karaoke.
　 B: **What kind of music do you like?**

④ A：仕事で独立したいんです。
　 B：どんな仕事をお考えなんですか？
　 A: I want to start my own business.
　 B: **What kind of business are you planning?**

⑤ A：近くに新しいイタリアンができましたね。

　　B：行ったことあるんですか？

　　A: I found a new Italian restaurant near here.

　　B: **Have you been there yet?**

⑥ A：先週新しいスマホを買いました。

　　B：どうですか？

　　A: I got a new smartphone last week.

　　B: **How do you like it?**

⑦ A：先日大人気のラーメン店に行ってみたんです。

　　B：どうでした？

　　A: I went to a very popular ramen shop the other
　　　 day.

　　B: **How was it? / How did you like it?**

⑨ A：ボランティア活動に参加することにしたんです。

　　B：もっと聞かせてください。

　　A: I've decided to join some volunteer activities.

　　B: **Tell me more.**

⑩ A：地球温暖化とともに海氷が割れる時期がどんどん早ま
　　　 ってきているのです。

　　B：もう少し詳しく説明いただけますか？

　　A: What's happening with global warming is that
　　　 winter sea ice is breaking up earlier.

　　B: **Could you be more specific?**

⑪ A：上司たちは口を開けば、DX と言っていますよ。

B：DX ってどんなものか教えてもらえますか？

A: Every time my managers open their mouths, they talk about DX.

B: **Would you mind letting me know what DX is?**

⑫ A：引退したらバリで暮らしたいんです。

B：なぜバリなんですか？／バリには特別な思い入れがあるのですか？

A: I want to live in Bali after I retire.

B: **Why Bali? / Do you have some sort of attachment to Bali?**

⑬ A：先週妻に皮の財布を買いました。

B：いいですね！　奥様は喜びました？

A: I bought a leather wallet for my wife last week.

B: **Lucky her! Is she happy with it?**

⑭ A：引退したら農業で生計を立てたいと思っています。

B：すてきですね。そのために何かなさっているのですか？

A: I want to make a living as a farmer after I retire.

B: **How nice! Are you doing anything about it?**

⑮ A：酒を飲みすぎないように気をつけなければと思っています。

B：私もです。いつもどんなお酒を飲んでるんですか？

A: I should be careful not to drink too much.

B: **Same here. What do you usually drink?**

⑯ A：今朝はあくびが止まらないんです。

B：昨日は遅かったんですか？

A: I can't stop yawning this morning.

B: **Did you stay up late last night?**

⑰ A：週に一度ジムに通い始めたんです。

B：素晴らしい！　体調は良くなりました？

A: I've started going to a gym once a week.

B: **Great! Are you feeling any better?**

⑱ A：私の絵は自己流なんですよ。

B：素晴らしいと思います。どんな画家がお好きなんですか？

A: I'm a self-taught painter.

B: **I think that's great. Who is your favorite artist?**

⑲ A：昨夜妻と大げんかしてしまいました。

B：理由をお尋ねしていいですか？

A: I had a big fight with my wife last night.

B: **Can I ask you the reason (for it)?**

⑳ A：3カ月禁酒しています。

B：なぜそう決めたのですか？

A: I've been on the wagon the past three months.

B: **What made you decide to do that?**

㉑ A：PCをウインドウズからマックに替えました。

B：まあ！　何がきっかけですか？

A: I switched from a Windows-based machine to a Mac.

B: **Wow! What inspired you to do that?**

㉒ A：毎週日曜日の朝にジョギングをしています。

B：いいですね。始めたきっかけは何ですか？

A: I jog in the park every Sunday morning.

B: **Nice! How did you get into it?**

雑談力を上げるコツ

　①〜④の What kind of ~? は、相手が話した内容についてその種類を聞き出すのによく使います。

　何とも返事がし難いことを話しかけられた場合は、⑨の Tell me more. や⑩の Could you be more specific? が便利です。

　Why?（なぜ？）とストレートに理由を尋ねる言い方は友人同士なら問題ありませんが、さほど親しくない相手との雑談やフォーマルな場では、⑲〜㉒の表現のほうが丁寧なので、お薦めです。

相手に質問で切り返す雑談

　質問で切り返す雑談に挑戦してみましょう。以下の会話をLの音声で聞いてから、RPの音声を使って色文字の役をポーズで演じてみてください。

① 猫を飼っているんです　　🔊L 051　🔊RP052

A: I have two cats.

B: What kinds of cats are they?

A: A chinchilla golden and a chinchilla silver.

B: I'm not an expert. Do they have long hair?

A: Yes, they do. They're like daughters to me.

訳

A：猫を2匹飼っています。
B：どんな種類なんですか？
A：チンチラゴールデンとチンチラシルバーです。
B：あまり詳しくないんです。長毛種ですか？
A：そうです。私にとっては娘みたいなものなんです。

雑談力を上げるコツ

　猫や犬の種類を言われてもピンと来ない場合もあるでしょう。そのときはI'm not an expert. (あまり詳しくないんです)、I'm not very familiar with it./I don't know much about it. (よく知らないのです)が使い勝手のいい表現です。詳しくないと正直に伝えれば、相手は教えてくれるでしょうから、雑談はさらに盛り上がるはずです。

A: I've been on the wagon the past three months.

B: Can I ask you the reason for that?

A: My doctor told me not to drink.

B: Your doctor told you so?

A: Yes, he did.

B: So, you're giving up altogether?

A: I have no idea, but at least until the doctor says any
   different.

訳

A：ここ3カ月禁酒をしているんです。

B：理由を伺ってもいいですか？

A：医者に止められたんですよ。

B：医者にですか？

A：ええ。

B：じゃあ、完全に酒を断つおつもりですか？

A：わかりませんが、少なくとも医者の意見が変わるまでは。

・・・　雑談力を上げるコツ　・・・・・・・・・・・・・・・・・・・・・・・・

　Can I ask you the reason? は理由を尋ねる際に便利な表現ですの
で、ぜひ使ってみましょう。

　Your doctor told you so? のように相手のセリフをそのまま繰り返
すのも実際の会話ではよくあることです。驚いたときにはSeriously?
（ややカジュアル）のようなひと言やAre you serious? も使いますが、
相手の言葉を受けてDid he? やWas it? のように応えるフレーズのほ
うが実際には使える場面が多いでしょう。

　「わかりません」と答えるときはI don't know. よりもI have no idea.

のほうがやわらかな印象になります。

be on the wagonで「禁酒中」、fall off the wagonで「禁酒を破って飲み始める」という意味です。

. . . .

③ スミス氏が退職したのは…?   🔈 L 055   🔈 RP056

A: Mr. Smith at CDC Agency left the company last month.

B: Oh, I didn't know that. Do you know him well?

A: Yes, I think so. And so I wasn't surprised to hear it.

B: What do you mean by that?

A: Well, you know, he's kind of free-spirited and doesn't really fit at an organization.

B: Interesting. So, he's happier now?

訳

A：CDCエージェンシーのスミスさんが、先月会社を退職したんですよ。

B：え、知りませんでした。彼をよくご存じなんですか？

A：ええまあ。私はそれを聞いても驚きませんでしたよ。

B：どういうことですか？

A：つまりね、彼はある意味自由人で、組織ってものに馴染めないんですよ。

B：興味深いですね。じゃあ、彼は今幸せなんですね？

UNIT 8 話の支配率を調整する

前UNITで相手に主導権を握らせるのが大事、という話をしました。自分の話だけでは相手がついてこない。しかし、いくらなんでも100パーセント相手の話で雑談を進めるのはフラストレーションが溜まってしまいますよね。相手も「この人、話を聞いているのかな？」と不安になるはずです。

そこで、**雑談に占める相手の話と自分の話の比率が大切**になってきます。

テレビでサッカーの試合を見ていると、ball possession（ボール支配率）という言葉を目にします。画面の下などに、「ドイツ60：ブラジル40」などと表示されています。試合中、どちらのチームがボールを持って攻めているのかを表す数字です。

雑談にこれを当てはめると「話の支配率」とでも言いましょうか。雑談では、相手の話と自分の話の支配率に気を配ることが重要です。

ただ、サッカーと異なるのは、ボール（話）支配率が高ければ、試合（雑談）が有利に運べる（盛り上がる）かというと、必ずしもそうではないことです。

雑談相手の様子や状況によって、この比率を変えていく必要があるのです。

たとえば、取引先など仕事関係の人と交わすちょっとした雑談。商談ではなくても、合間の雑談の中からビジネスに有利な情報が聞き出せるかもしれません。

そういう場合は、自分の話の比率を上げて、自分が知りたい内容や持っていきたい方向へ、雑談をリードしていくのです。自分対相

手が、6対4でも7対3でもいいでしょう。相手の話は少なくても、これはこれで有意義な雑談として成り立ちます。

　相手が話し好きな人の場合には、逆に相手の比率を上げます。たとえば、8対2くらいにして、自分は相づちや質問で盛り上げる。

　そもそも、話し好きという人に限って、話題が自分の話から別のことに移った瞬間に興味を失っていくことが多い。そういう場合は、自分の話は潔く諦めて、聞き役に徹すると相手がペースを作ってくれて盛り上がります。

　このように、雑談の場合、話を支配するだけではなく、状況に応じて相手にパスを回し、相手に支配させることも重要です。

UNIT8

話の支配率を調整する

　先に触れたように、雑談には結論が必要ありません。結論が出ると、せっかく盛り上がってきた雑談が中断されてしまう。だから**雑談では、結論というゴールにシュートを打ち込んではいけないのです。パス回しが重要**なんですね。

　ところが、これも前述しましたが、男性は雑談で「シュート」を決めたがる。「で、結局、どういう話？」と。これではゲームは強制終了となり、広がりも展開もありません。

　「話題支配率100パーセント」「相手にボールを触らせず、ゴールを連発」では、もう雑談ではありません。講演会かトークショーになります。

　雑談は、話を支配し合い、ボールをパスしてゲームを続けることに意味があります。

雑談力を上げるテクニック④

雑談は、シュートではなく、パス回しで話の支配率を調整する

話の支配率を調整する雑談

　UNIT 3の相づち表現やUNIT 6の肯定・同意・共感表現、UNIT 7の質問表現を駆使して、話の支配率を調整してみましょう。以下の会話をLの音声で聞いてから、RPの音声を使って色文字の役をポーズで演じてみてください。

① 相手8：自分2（相手主導）の場合
伊勢志摩の豪華ホテルについて　

A: There's a nice hotel in Ise-Shima.

B: Oh, have you been there?

A: Yes. I stayed there with my family last week. The view from our room was outstanding.

B: That's nice. How was the food?

A: Everything was great. The lobster and abalone were especially fantastic. I heard they have a female chef with a good reputation in the restaurant.

訳
A：伊勢志摩にいいホテルがあるんですよ。
B：行かれたことがあるのですか？
A：はい、先週家族とそこに宿泊しました。部屋からの景観がそれは素晴らしかった。
B：いいですね。お食事はいかがでしたか？
A：すべて良かったです。特に伊勢エビとアワビが最高でした。評判の高い女性シェフがレストランにいるそうなんです。

雑談力を上げるコツ

「いいホテルがある」と情報提供のように話を振られたら、「訪れたことがあるのですか？」と質問で返すと相手も話しやすいはずです。日本語は主語を文脈で推測しなければならない言語ですが、英語ではたいていの場合主語は必要です。**Have you ~?、Did you ~?、Do you ~?**を活用してください。

---

② 相手5：自分5（半々）の場合
伊勢志摩の豪華ホテルについて　🔈L 059 🔈RP060

A: There's a nice hotel in Ise-Shima.

B: **Oh, have you been there? It's a famous tourist destination, isn't it?**

A: Yes. I stayed there with my family last week. The view from our room was outstanding.

B: **You're so lucky! Actually I've been there once. The seascape was great but not the view from my room. How was the food?**

A: Everything was great. The lobster and abalone were especially fantastic. I heard they have a female chef with a good reputation in the restaurant.

訳

A：伊勢志摩にいいホテルがあるんですよ。

B：行かれたことがあるのですか？　有名な観光地ですね。

A：はい、先週家族とそこに宿泊しました。部屋からの景観がそれは素晴らしかった。

B：うらやましいです。実は私も一度訪れたことがあるのです。海

の景色は素晴らしかったのですが、部屋からは見えませんでした。
お食事はいかがでしたか？

A：すべて良かったです。特に伊勢エビとアワビが最高でした。評
判の高い女性シェフがレストランにいるそうなんです。

> ### 雑談力を上げるコツ

「うらやましいです」という感想を会話で使うことは多いと思いま
す。日本人が同じ意味で I envy you. と言うのを時折耳にしますが、
アメリカ人がこの表現を実際に使うことはあまりありません。代わ
りに口にするのは You're so lucky! 。こちらのほうがポジティブに聞
こえるからかもしれません。Oh, I'm so jealous! ということもありま
すが、これはどちらかというとちょっとふざけて相手をにらみなが
ら言うフレーズといった印象があります。

> ### ③ 相手4：自分6（自分主導）の場合
> 仕事で有益な情報を引き出したい   🔊 L 061   🔊 RP062

A: Thank you very much. That's all for today.

B: Thank you. Well, I heard Mr. Ito in the sales division was promoted to section chief. Is he starting a new project?

A: You have your ear to the ground. Yes, he is actually.

B: Is it something to do with Tomita Motors that you mentioned before?

A: There's going to be an official announcement in a few days.

B: Because he's in charge of it, I assume it's a project related to a smart city concept. Can I talk to him directly?

A: Yes, of course. Please go ahead.

訳

A：どうもありがとうございました。今日のところはここまでにしましょう。

B：ありがとうございます。あの、営業部の伊藤さんが課長に昇進されたと伺いました。何か新しいプロジェクトを始められるのですか？

A：早耳ですね。ええ、実はそうなんです。

B：それは以前おっしゃっていた冨田自動車に関する案件ですか？

A：正式な発表は2、3日中にされるはずです。

B：彼が責任者ですからスマートシティー構想に関するプロジェクトですよね。彼に直接伺っても構いませんか？

A：ええ、もちろんです。どうぞ、どうぞ。

雑談力を上げるコツ

Well,（あの、）やBy the way,（ところで、）で話を切り替えて、I heard (that)〜で「〜と聞いたのですが、〜らしいですね」と話題を持ち出すのは、自分主導に話を進めるときの典型的でとてもいい展開の仕方です。

連想ゲームのように展開する

「あれ、最初、何の話をしてたんでしたっけ？」

このフレーズが出たら、それはいい雑談ができた証拠。

雑談が盛り上がるときは、ひとつの話題だけで終わらず、次から次へと別の話題が派生しながら展開していくものです。

ただ、重要なのは、前の話題を一度リセットして、まったく関係のない話を始めるのではなく、前後の話題がどこかで関連づけされて鎖状に連なっていることです。

したがって、話題の変わり目は、「全然違う話なんだけど……」よりは、前の話に出てきた言葉やエピソードをうまくとらえて、「○○といえば、この間ね……」と派生させて展開するのがスムーズです。

ここで大切なのは連想力。つまり**相手の話から次の話題を連想する力。相手の話を別の話題とリンクさせて、新しい雑談を引き出す力**のことです。

盛り上がっている雑談ほど、この連想は幾重にも連鎖します。ひとつの話題、キーワードから連想して、3つか4つくらいの話題が引き出され、引き出された各話題から、さらに連想が膨らむ。また、さらにそれらの話題から……

そうなると、話題というのはクモの巣が張り巡らされるかのごとく、倍々ゲームのように広がっていきます。たとえば、

A: Rugby teams in Japan are now much stronger than before, aren't they?（日本のラグビーチームって以前よりずっと強くなりましたよね？）

B: **That's because the coaches they brought in from abroad are brilliant.**（海外から招へいした素晴らしいコーチたちのおかげですね）

A: **I agree. <u>Speaking of coaches</u>, I finally bought a Coach bag yesterday.**（そのとおりですね。コーチといえば、私、とうとう昨日コーチのバッグを買っちゃいました）

B: **That's nice. Where did you get it?**（わあ、良かったですね！　どこで買ったんですか？）

A: **I'd been checking all the Coach bags at department stores, but I bought one online.**（デパートをめぐってあらゆるコーチのバッグをチェックしてたんですけど、実は、買ったのはオンラインショップなんです）

B: **I feel sorry for the salesclerks. <u>It reminds me of something that happened to me last week</u>.**（店員さんに同情しますね。オンラインショップといえば、先週こんなことがあったんです）

　最初のラグビーの話からブランドもののバッグの話が派生して、また別の話題へ移行しています。そして、気がついたら「あれ、最初は何の話をしてたんだっけ？」となるわけです。

　人の話から連想して、話題をずらす。このスキルがあると、雑談で行き詰まっても、別の話題に巧みに切り替えることが可能なのです。

雑談力を上げるテクニック⑤

「連想してずらす」──雑談の展開に欠かせない技術

連想して展開する表現

　相手の話から連想して、話題を展開するためのフレーズです。どれも、どんな場面でも使える汎用的な表現です。音声を聞いてから、声に出して言ってみましょう。

「～といえば」のフレーズ　　　　　　　　◀ L 063

① ～といえば
➡ **Speaking of ~ / Talking about ~ / When it comes to ~**

② それで思い出したんですが
➡ **That reminds me, / Which reminds me, / That brings to mind / Now that I think of it,**

③ そういえば、
➡ **Now that you mention it,**

④ そういえば、ところで、
➡ **By the way,**

⑤ よく考えると、そういえば、
➡ **Come to think of it,** ☺ casual

⑥ もっとはっきり言うと、ついでに言わせてもらえば
➡ **for that matter**
　　※文頭でも、文中（挿入句として）でも使う。

連想して展開する雑談

　連想して展開する雑談に挑戦してみましょう。以下の会話をLの音声で聞いてから、RPの音声を使って色文字の役をポーズで演じてみてください。

① マイレージ→オンライン飲み会→ズーム 🔊 L 064 🔊 RP065

A: I'd never heard of that expression, "food mileage," before.

B: Speaking of mileage, I haven't traveled by air this year at all.

A: Me, neither. Lots of people are working from home and haveing online meetings.

B: Talking about connecting online, my sister tried to call me online last night.

A: You mean, on Zoom? Or Skype? Facetime?

B: I don't know. I think it was Zoom but I couldn't work out how to accept the call. Would you show me how to use it later?

A: No problem. How about 3 p.m.?

訳

A:「フードマイレージ」なんて言葉、聞いたことなかったんです。
B:マイレージといえば、今年、飛行機で旅行していないです。
A:私もです。家で仕事して会議もオンラインって人も多いですよね。
B:オンラインといえば、昨日の夜、妹がインターネットで電話をかけてきまして。

91

A：ズームですか？　スカイプ？　フェイスタイムかな？

B：分からないんです。ズームだと思いますが、電話の受け方がわからなくて。あとで、教えていただけますか？

A：いいですよ。午後3時はどうですか？

Speaking of ~、Talking about ~ は使い勝手の良い表現で、次々と話題が変わる雑談では頻繁に登場します。

名前を思い出せないモノを指すときには、what-you-call-it（その何とかいうヤツ（モノ））が便利です。人の場合はwhat's-his/her name（その何とかいう名前の人）という言い方をします。I heard what's-his name is coming to the party, too. は「その何とかいう名前の人もパーティーに来るって」という意味です。学校では習わないかもしれませんが、実際にはよく使われるフレーズです。

② 娘→バスケ→20年前何してた？ 🔊 L 066 🔊 RP067

A: My daughter always says she doesn't have anything to wear.

B: Ha-ha, that's how teenagers are. I hear she's doing well at school.

A: Yes. She's joined the basketball team and looks like she's having a lot of fun.

B: Nice! Speaking of basketball, I watched a Chicago Bulls game on TV last week.

A: I'm not very familiar with basketball, but it's the team

Michael Jordan belonged to, right?

B: Yeah, but he retired about 20 years ago. Wow, 20 years. What were you doing 20 years ago?

A: I was living with my first wife. No, it might have been the second.

訳

A：何も着るモノがないって、いつも娘が言うんです。

B：ハハハ、ティーンの子はそんなものですよ。でも学校では良くやってるそうですね。

A：そうなんです。バスケットボールのクラブに入って。楽しそうにやってますよ。

B：いいじゃないですか！　バスケットボールと言えば先週シカゴブルズの試合をTVで見たんです。

A：あまり詳しくないんですが、マイケル・ジョーダンがいたチームですよね。

B：ええ。でも20年くらい前に引退しました。うわ、20年。20年前、あなたは何をしてました？

A：最初の妻と暮らしてました。いや、2番目だったかな。

・・・・・ **雑談力を上げるコツ** ・・・・・・・・・・・・・・・・・・・・・

　Bは最初に、That's how ~ are.（~はそういうものでしょう）と受けて、I hear ~ で話を展開する、とても上手な話の運び方です。I hearはUNIT 17で詳しく使い方を説明しますが、この表現も話を連想ゲームのようにつないでいくのに便利ですね。

UNIT9

連想ゲームのように展開する

③ ダイエット→ジョギング→セール→パイ 🔊 L 068 🔊 RP069

A: I'm going to go on one of those milkshake diets. What do you think?

B: **You have milkshakes and lose weight? I don't think they work. Let's go jogging every weekend instead.**

A: OK, but I'll need to buy a tracksuit.

B: **The mall is having a big sale this week. Why don't we check it out after work?**

A: Great idea! Let's meet at Sugarland Cafe.

B: **That reminds me, there's a new cafe kitty-corner from Sugarland Cafe.**

A: I know! That's the place that serves huge blueberry pies for only $5!

B: **Five dollars! I'll wait for you on the bench in front of the mall.**

訳

A：ミルクシェークダイエットとか言うヤツやってみようかな。どう思う？
B：ミルクシェークを食べて体重が落ちるの？　信じられないわ。それより毎週末ジョギングしようよ。
A：ジャージが必要だわ。
B：今週モールで大セールをやってるわよ。仕事が終わったら見に行かない？
A：いいわね！　シュガーランドカフェで待ち合わせましょ。
B：それで思い出した、シュガーランドカフェの斜め前に新しいカフェがあるの。

A：知ってる！　そこって5ドルで巨大なブルーベリーパイが食べられる店よ！

B：5ドル！　じゃ、モールの前のベンチで待ってるね。

雑談力を上げるコツ

What do you think?(どう思う？)は英語の会話ではよく出てくるフレーズです。

もし、相手の意見に同意できない場合は、上記の「それよりジョギングしようよ」のように代替案を出せば、たとえ友人同士のようなカジュアルな関係でなかったとしてもさほど失礼になることはありません。**頭から否定するのは避けるべきですが、正直に「そうは思わない」と言うことは、英語圏では日本人の感覚よりも自然に受け入れられます。**英語圏では気を遣いすぎなくてもいい、と考えると少し気楽に話ができるかもしれませんね。

UNIT9

連想ゲームのように展開する

「一問二答」が雑談を盛り上げる

　年上の人と話をするのは気詰まりで面倒。会社の上司とは、報告や連絡以外の話はできればしたくない。近年、そんな人が少なくないようです。

　日本人同士でもそうなのに、相手が外国人で、英語で話さなければならないとしたらなおさら……その気持ちはよくわかります。ただ、そんな状況に困惑しているのは相手も同じなのです。

　たとえば、部下と一緒に取引先を回るようなとき、訪問の合間はずっと黙ったままになってしまい、気疲れしてしまう。こうした場合によくありがちな会話例を挙げてみましょう。

　「君は何かスポーツやってるの？」──「特にしてません」

　「この部署には慣れたかい？」──「まあまあです」

　聞かれたことだけに答える、いわば「一問一答スタイル」です。「学校はどう？」と親に聞かれて、「普通」「まあまあ」としか返事しない思春期の子供のような状態。当然、話はそこで途切れます。

　たとえば、上司があなたに「休みの日は何をしているの？」と聞いてきたとします。ひょっとしたらあなたは、プライベートに踏み込まれたような不愉快さを覚えるかもしれません。仕事以外のことを話す必要はないとドライに割り切りたい人もいるでしょう。

　しかし、実際には、上司もあなたの休日の過ごし方に強い興味・関心があるわけではないのです。多くの場合、話をつなごう、打ち解けて雑談しようと思っているだけなのです。

気楽にいきましょう。過度な自意識過剰は損をします。

たとえば、

What do you do in your free time?（時間のあるときは何をしているの？）

と聞かれて、ただ

I watch overseas TV dramas.（海外ドラマを見てます）

だけでは、会話はそこで終了。

代わりに、

I watched "A Night Shift" last week. It was thrilling. I don't know much about overseas TV dramas, but I already think I love them.

（先週『ナイトシフト 真夜中の救命医』を見たんです。スリル満点でした。海外ドラマにはあまり詳しくないんです。でも、もう大好きになりました）

のように、<u>返答に、ひと言、ふた言足して返す、一問一答ではなく、一問二答以上。これで立派な雑談に変わります</u>。

すると今度は、質問した上司から「誰が主演なの？」「今度見てみようかな」などと返ってくる。またそれに答える。そうすることで話は心地よく展開するでしょう。

昨今、相手に興味を持たれることを面倒に思ったり、プライベート侵害と感じたりする傾向が強くなっています。しかし、**あなたにコミュニケーション能力があるかどうか、こんなちょっとした雑談の印象で判断されている可能性もありますよ**。

雑談力を上げるテクニック⑥

　一問一答ではなく「一問二答以上」を心がける

UNIT10　「一問二答」が雑談を盛り上げる

一問二答以上の雑談

　相手に話しかけられたときに2文以上で返事をする雑談に挑戦してみましょう。以下の会話をLの音声で聞いてから、RPの音声を使って色文字の役をポーズで演じてみてください。

① 大学時代のノートがきっかけで　🔊 L 070 🔊 RP071

A: What do you do in your free time?

B: I used to sit around and do nothing, but I found something very interesting in my room the other day.

A: Oh, what was that?

B: The Spanish textbook that I used when I was in college. And now I've started to learn Spanish again.

A: Spanish? That wasn't your major, was it?

B: No, no. But you know, I feel like learning it again. I don't know why. But I'm enjoying it now.

A: That's really good!

訳

A：時間があるときには何をしているの？

B：以前は特に何もせずだらだら過ごしていたんです。でも部屋ですごく面白いものを見つけまして。

A：お、何を？

B：大学時代に使っていたスペイン語の教科書です。で、今スペイン語を勉強し直しているんです。

A：スペイン語？　専攻だったわけじゃないよね。

B：まったく。でももう一度学び直してみたいなと思って。理由は

わからないです。でも今楽しいんです。
A：すてきなことだね！

② ご家族は元気？　　　　　🔊 L 072　🔊 RP073

A: How's your family? Are they all well?

B: Thanks for asking. Actually I can't say we're all good. My daughter . . .

A: What? Something's wrong with Cindy?

B: Yes. She's hardly eaten anything in the past few days.

A: What's happened to her? Is she on a diet or something? Or is it heartbreak?

B: I have no idea. She won't talk about it. Parenting is not an easy job.

訳

A：ご家族はどう？　皆さん元気？

B：お気遣いありがとうございます。実は、おかげさまでとは言えないんです。娘がちょっと……

A：何？　シンディーに何かあったの？

B：ええ。ここ2、3日、ほとんど何も口にしないんです

A：何かあったのかな？　ダイエットか何か？　あるいは失恋かな？

B：見当もつかないんです。何も話してくれなくて。親って大変なものですね。

A: Hello, Mr. Goto. How are you?

B: I'm good, thank you. How are you doing, Mr. Irving?

A: I'm fine. How is Mr. Ishizuka?

B: He's fine as well. He's working from home too, but we talk on the phone every day.

A: I see. Oh? I can see a lot of books behind you, Mr. Goto.

B: Oh, yes. Most of them are business books. And you know what? I have a load more in my garage.

訳

A：こんにちは、後藤さん。お元気ですか？

B：ええ、元気です。そちらはいかがですか、アーヴィングさん。

A：元気ですよ。石塚さんもお元気ですか？

B：彼も元気です。彼も在宅勤務ですが、毎日電話で話しています。

A：そうですか。あれ？　後藤さんの後ろ、大変な量の本ですね。

B：あ、はい。これほとんどビジネス書なんです。あのー、ガレージにもっとあるんです。

※load：積み荷、荷物

④ 待望の新製品がリリース！　　🔊 L 076　🔊 RP077

A: Did something good happen? You look happy.

B: I was checking my emails, and I found a news-
letter from Apple.

A: Apple? Oh, Apple Computer . . .

B: Yes. They just announced the launch of a new
product. I've been really looking forward to it.

A: A new product, hmm . . . Is it much different from
their other ones?

B: You bet! Its new features and design are really
different. I want to get one. In fact—

A: OK, OK. Let's get back to work.

訳

A：何かいいことでもあったのかな。うれしそうだけど。

B：メールをチェックしていたんです。そうしたらアップルからの
ニュースレターを見つけて。

A：アップル？　ああ、アップルコンピュータか…。

B：そうです。新製品がついに発表されたんです！　ずっと楽しみ
にしていたので。

A：新製品、う〜ん…。それはほかの製品とそんなに違うのかな？

B：もちろんです！　新機能とデザイン、全然、違います。買おう
と思っているんです。実は……

A：わかった、わかった。仕事に戻ろうか。

トラブルは雑談の チャンス

　ある朝の出勤時、会社ビルの1階でエレベーターを待っているとします。同僚も何人かいますが、なかなかエレベーターが降りてきません。

　「え〜、このままじゃ遅刻しちゃう」と思ったとき、そこは誰かと雑談を交わしやすい空間になっています。同じようにジリジリしている隣の外国人の同僚と、思わず、

A（あなた）: **It isn't coming to me at all.**（全然来ないね）

B（相手）: **That happens to me whenever I have a morning meeting.**（朝の会議があるときに限ってこうなんだよね）

A: **What kind of meeting?**（何の会議？）

B: **Sales report, and it's my turn.**（営業報告で私の発表の番）

　こんな調子で言葉を交わした経験もあるのでは？　雑談したからといって、問題が解決するわけではないのですが、言葉を交わして、**お互い「困ったな」という共通感情を持つことで、少しは気が晴れるものです。**

　電車が止まったときの車内や、飛行機が欠航になったときの空港ロビーなど、いつ動くかわからないような「閉じ込められた状態」で一緒になった者同士は、雑談でもしなければ間が持ちません。**一緒に巻き込まれたトラブルは、雑談が盛り上がる絶好の話題になりうる**。ならば、日常生活の中のこうしたトラブルは、雑談力を磨くチャンスととらえ、お隣に声をかけてみてはいかがでしょうか。

　一方、今も昔も変わらない、雑談の話題といえば人の悪口。確か
に、誰かの悪口や陰口は、盛り上がりやすいネタではあります。

　しかし、相手との気詰まりをなくして、空気を和ませるための雑
談の話題が、他人の悪口やあら探しというのではあまりに悲しい。

　話は盛り上がるかもしれませんが、決して後味のいいものではあ
りません。いくら話題に困っても、**雑談で悪口や陰口の類を持ち出
すのは避けるべきです**。

　と、言うのは簡単ですが、なかなかそうはいかないのが現実。みん
なが知っている「困った人」がいると、自分は口にしなくても誰
かが話題に上らせてしまうかもしれません。

　では、どうするか。

　もし、雑談が誰かの悪口や陰口の方向に流れ出したら、その話題
やエピソードを笑いに変えましょう。

　たとえば、同僚同士の飲み会で、困った上司の悪口大会になりそ
うになったとします。そんなときは

　「今日も出ましたね、課長お得意の『納期を早めろ』攻撃が～」

　「このまま早めると先月の納期に重なっちゃいますよ(笑)」

　といった具合に笑い話にするのがお勧め。

　悪口の負のオーラで包まれるよりも、笑い話で正のオーラに変え
るほうが精神衛生的にもいいに決まっています。それこそが、**場の
空気を和ませるという本来の雑談の姿**だといえるでしょう。

> 雑談力を上げるテクニック⑦

　トラブルは雑談に生かす。悪口は笑い話に変える

UNIT11

トラブルは雑談のチャンス

トラブルから展開する表現

　トラブルに遭ったときに、雑談を仕掛ける最初の表現と、相手を励ます表現を取り上げました。音声を聞いてから、声に出して言ってみましょう。

トラブルを共有するときのフレーズ　　　◀ L 078

トラブル発生時のひと言

① 困ったな。困りましたね。
→ That's a problem.

② どうしようかな。
→ What am I going to do? / What should I do?

③ どうしましょうか？（複数人共通のトラブル時）
→ What should we do?

④ どうしたらいいでしょうね？
→ What am I supposed to do? / What are we supposed to do?

⑤ なぜそうなってしまったんだろう？
→ How did it happen?

⑥ ありえない。
→ That's insane.

⑦ 困ったことになったなあ。
→ I'm in a bit of a situation.

⑧ 参ったな。
→ I'm stuck.

⑨ 途方にくれるな。
→ I'm at a loss.

⑩ 混乱してます。どうしよう。

➡ I'm confused.

具体的なトラブルについて

⑪ この電車はいつ動くのでしょう？

➡ When will the train start running again?

⑫ ゲリラ雷雨に捕まってしまった。

➡ We got caught in <u>heavy rain showers/a torrential rain</u>.

⑬ 会議に遅れてしまう。

➡ I'm going to be late for the meeting.

⑭ 流しのパイプが詰まってしまって。

➡ The pipe underneath the sink was blocked.

⑮ 最近、よくコピー機が詰まりますね。

➡ This copier often gets jammed.

⑯ どこの店もランチは混んでますね。

➡ Every restaurant is full of people at lunchtime.

雑談力を上げるコツ

　上記はすべて、どんな場面でもフォーマル度を気にすることなく使えます。

　独り言のつもりで What am I supposed to do? / What should I do?（どうしたらいいんだろう？）とつぶやいたとしても、That's a problem.（困りましたね）などと返答してくれる人も少なくないはずです。そこから雑談が始まることもあるでしょう。I'm stuck.（参ったな）/ I'm confused.（どうしよう）/ That's insane.（ありえない）も相手の困ったときのひと言に対応する返答としても使えます。ぜひ試してみてください。

定番

① がんばって！
➡ Good luck!

② 新しい企画、がんばって！
➡ Good luck on/with your new project.

③ 君ならできる。
➡ You can do it. / I know you can do it. / You can make it.

なぐさめつつ励ます

④ それは大変でしたね。
➡ That must have been tough.

⑤ ああ、それは大変ですね。
➡ Oh, that's too bad.

⑥ 大丈夫ですよ。
➡ It's OK.

⑦ 忘れてください。
➡ Forget about it.

⑧ 何とかなります。
➡ Things will work out.

⑨ (あなたは)大丈夫ですよ。
➡ You'll be just fine.

⑩ そういうときもあります。
➡ Everyone has their bad days.

⑪ こういうときもあります。
➡ These things happen.

⑫ 時にはうまくいかないことだってありますよ。

➡ You can't win them all.

⑬ 前向きに考えましょう。

➡ Look on the bright side. / Think positive. /
Stay optimistic.

⑭ 私は味方ですよ。

➡ I'm on your side. / I'm always on your side.

⑮ いいことありますよ。

➡ Your day will come.

⑯ 明日はいい日になりますよ。

➡ Tomorrow's another day.

⑰ 元気出して。

➡ Cheer up. / Keep your head up.

⑱ 誰にでも間違いはあります。

➡ Everybody makes mistakes.

⑲ いい勉強ですよ。

➡ It would be a great experience.

⑳ これで終わりってわけじゃない。

➡ It's not the end of the world.

㉑ 終わったことは仕方ない。

➡ What's done is done.

㉒ 忘れよう。

➡ Let it go.

㉓ 気にしすぎないで。

➡ Don't let it get to you.

㉔ 過ぎたことは忘れて。

➡ It's already yesterday's news. / It's history

UNIT11

トラブルは雑談のチャンス

107

already.

㉕ それも人生の1ページだよ。

→ It's all part of life's rich tapestry.

雑談力を上げるコツ

日本語の「がんばれ！」とまったく同じニュアンスの表現は英語にはないものの、**励ましの言葉としては③の You can do it! が汎用性があって便利です。**

また、日本語の「仕方ない、しょうがない」もまったく同じニュアンスの表現はありませんが、㉑や㉕のように前向きに考えることを促す表現がその代わりに使えるでしょう。㉒も、直訳をすれば「忘れよう」ですが、ニュアンスとしては「また次があるって」のような前向きな気持ちを表すフレーズです。

以上に挙げたように、英語には、相手を励ますフレーズがたくさんあります。全部覚える必要はありませんが、自分のお気に入りをいくつかストックして、いざというときに備えてください。

トラブルから展開する雑談

トラブルから展開する雑談に挑戦してみましょう。以下の会話を
Lの音声で聞いてから、RPの音声を使って色文字の役をポーズで演
じてみてください。

① 電車に間に合わず
🔊 L 080　🔊 RP081

A: **Oh, the train just left! What am I going to do?**

B: I also needed to take that one. The next train doesn't
   stop at this station.

A: **I'm going to be late for work again.**

B: Same here. This is the second time this month.

A: **It's my third time!**

訳

A：あ、電車行っちゃった！　どうしよう？
B：私もあれに乗らなきゃいけなかったんです。次の電車はこの駅
は止まりませんから。
A：また遅刻です。
B：同じです。今月2度目ですよ。
A：私は3度目なんです！

② 天気予報って当てにならない
🔊 L 082　🔊 RP083

A: **Oh, look at this! It's really pouring.**

B: It was only sprinkling just 10 minutes ago. Did they
   say it was going to rain this hard?

A: **I don't think so. What should we do?**

UNIT11

トラブルは雑談のチャンス

B: Let's take shelter here for a while. It's so windy you can't use your umbrella.

A: They said it would rain yesterday, but it was sunny, right?

B: Weather forecasts are always wrong. Or is it because the spring weather is changeable?

訳

A：あら、いやだ！　すごい土砂降り。

B：ほんの10分前には小雨だったのに。こんなに激しく降るなんて言っていました？

A：そんなことなかったと思います。どうしましょう。

B：ここで少し雨宿りしましょう。風が強くて傘させないですよ。

A：昨日は雨だって言ってたのよ、でも晴れたでしょ？

B：天気予報って当てにならないですね。それか、春の天気は変わりやすいからかな。

③ プレゼンで失敗した同僚をなぐさめる　🔊 L 084　🔊 RP085

A: I messed up the presentation again.

B: You'll be just fine. It's not the end of the world.

A: I'm feeling pretty low now.

B: I know how you feel. But think positive. You can't win them all.

A: Thanks for saying that.

B: Let it go. Tomorrow's another day.

訳

A：またプレゼンに失敗したんだ。

B：大丈夫。これで世界の終わりってわけじゃないでしょ。
A：結構落ち込むよ。
B：気持ちはわかるけど、前向きに考えましょう。時にはうまくい
かないことだってあるわよ。
A：そう言ってくれてありがとう。
B：忘れましょう。明日は明日の風が吹くって。

③ 会議に遅刻の原因は？ 🔈L 086 🔈RP087

A: Sorry I'm late. I got caught by Mr. Kato.

B: It's OK. We were still chatting. Did he ask you a lot of questions again?

A: Actually, yes. He didn't let me go.

B: There's no end to the victims of Mr. Kato's questioning, is there?

A: Yes, he always comes when I don't have any time . . . I'm really sorry.

B: It happens sometimes. Forget about it.

訳

A：遅れてすみません。加藤さんに捕まってしまって。
B：大丈夫。まだ雑談中です。また、質問攻めに遭ったんですか？
A：実は、そうなんです。なかなか離してくれなくて。
B：加藤さんの質問魔の犠牲者があとを絶ちませんね。
A：ええ、時間がないときに限っていらっしゃるので……本当にす
みませんでした。
B：そういうこともありますよ。忘れてください。

UNIT11

トラブルは雑談のチャンス

話が途切れてしまったら?

UNIT 9で連想ゲームのように話をずらして展開する方法を取り上げました。しかし、まだ雑談を続けたい、あるいは続けざるをえないのにどうしても連想が浮かばない場合は、どうすればいいのでしょうか?

食事中やパーティーの席で、移動の電車の中でなど、「じゃあ、また」「このへんで失礼します」と言えない状況です。

沈黙を埋めようとして、無理やり話題を繰り出しても、またすぐにお互いに黙ってしまい、さらに気まずい思いをしたなんて経験は誰しも持っているはず。

そういうときは、まず、いったん沈黙を冷静に受け入れることです。多少の沈黙で人間関係が壊れることはまずありません。その間に、相手がいい話題を振ってくれて、雑談再開となることもあります。

その上で、相手も手持ち無沙汰になり、こちらもいい話題が思いつかない場合は、**自分の最近の体験談、身近なエピソードを話してみましょう。**

たとえば、あなたがペットを飼っていれば、

A (あなた): **You know, my dog turned 15 years old last month.** (実は、うちの犬は先月で15歳になったんです)

B (相手): **Oh, he's pretty old. Is he all right?** (えっ、かなりの年ですね。元気なんですか?)

A: He's OK. But he seems to be out of it more often than not these days.（ええ。でもこのごろ前よりぼーっとしていることが増えました）

B: The same could be said of us.（人間も同じですよね）

といった具合です。

こういった**「持ちネタ」をいくつかストックしておくと、いざというときに役立ちます**。

また、雑談は相手主導にすると盛り上がるのは事実ですが、相手の話を聞いていると、疑問点や自分の意見・感想が湧いてくるものです。そこで、

「さっきの話で疑問に思ったんですが……」

「思い出したんだけど、さっきの話は……と思う」

などと、**控えていた話を「蔵出し」する**のも一手です。

もし沈黙が訪れたらチャンスとしてとらえ、**自分の話や、お互いが知っている身近なエピソード、相手の話に対する疑問点や意見を話してみましょう**。

その場の空気が復活し、また、雑談のペースが生まれることでしょう。

```
雑談力を上げるテクニック⑧
```

話が途切れたら、身近な体験談か、疑問・意見の「蔵出し」をする

UNIT12 話が途切れてしまったら？

話が途切れたときの表現

　自分の最近の体験やエピソードを話すフレーズと、控えていた質問や意見・感想をあとから言うフレーズです。音声を聞いてから、声に出して言ってみましょう。

自分の最近の体験やエピソードを話す　　◀L 088

① うちの犬が先日ちょっと目を離したすきに迷子になってしまって、本当に焦りました。

➡ **My dog disappeared during the brief moment when I took my eyes off him the other day. I was really panicked.**

② 先週母から電話があったんです。珍しいことなのでちょっと心配して電話に出たのですが、返事がないんです。ただスマホのボタンを押し間違えただけだったみたいなんです。

➡ **I got a call from my mother last week. It was unusual. I was a bit worried and answered the phone. But there was no reply. It seems like she just pushed the wrong button on her mobile phone.**

③ 昨夜ズームで義理の父と話をしたんです。マイクをオンにするやり方を伝えるのに苦労しました。オフの間、彼は何も聞こえないんですから。

➡ **I talked to my father-in-law on Zoom yesterday. It was very hard to tell him how to turn on the microphone, because he couldn't hear anything while it was off.**

④ 彼の名前が出かかっていたのですが、どうしても出ないんです。年のせいでしょうか？

➡ **His name was on the tip of my tongue. But I couldn't remember it for the life of me. Is that because I'm getting old?**

⑤ 先月近所に新しくイタリアンレストランがオープンしたんです。先日妻と一緒に行ってみたんですよ。私は決してグルメではないのですが、パスタがどこか物足りなくて。

➡ **A new Italian restaurant opened in my neighborhood last month. I went there with my wife the other day. I'm never a foodie but there was something missing in the pasta.**

雑談力を上げるコツ

　英語の日常会話は短い文で構成されることがほとんど。特にアメリカ人は簡潔な表現を使う傾向が強いです。無理に長い文で話そうとせず、簡潔な文を重ねてみてください。

　話し始めには、you know（あのー、あのね）や well（ええと）、文中で詰まったら let's see（ええと）、I mean（つまりね）などのつなぎ言葉（filler）を使ってみてください。これらのフレーズを言いながら、次に話す内容を考えればいいのです。

控えていた質問や意見・感想を言うフレーズ　📢 L 089

① ちょっと前に君が話した映画のことだけど、

➡ **About the movie you here talking about a while ago,**

UNIT12　話が途切れてしまったら？

② あの、2、3分前に君が話してた本のことだけど、

→ **Well, about the book you mentioned a few minutes ago,**

③ 私が先ほど話した男性のことですが、

→ **You know, about the man I just told you about,**

④ 私たちが話していたプレゼンのことなんですが、

→ **Speaking of the presentation we were talking about,**

⑤ 先ほど話し合った会議についてなんですが、

→ **Regarding the meeting we were discussing earlier,**

⑥ 先ほどおっしゃっていたことなのですが、なぜお友達はそんなことを言ったのでしょうか？

→ **As you were saying earlier, why did your friend say such a thing?**

⑦ ところで、先ほどの話に戻りますが、ポール・マッカートニーが先週新譜をリリースしましたよ。

→ **By the way, going back to the previous topic, Paul McCartney released a new album last week.**

・・・・(**雑談力を上げるコツ**)・・・・・・・・・・・・・・・・・・・・・・・・・

　少し前に出た話題に戻りたいときは、②や③のように、上記の表現の前に Well, や You know, のような言葉でワンクッション置くといいでしょう。

116

話が途切れたときの雑談

　話題が尽きたときに自分の身近なことや、控えていた質問などをする雑談に挑戦してみましょう。以下の会話をLの音声で聞いてから、RPの音声を使って色文字の役をポーズで演じてみてください。

① あの不動産屋に行ってみたんです　🔊 L 090　🔊 RP091

A: **By the way, I went to the real estate agency you mentioned the other day.**

B: Oh, did you? How was it?

A: **They said it's definitely a good time to buy that condominium.**

B: They would say that. It sounds like a big come-on to me.

A: **Yes, I'm going to take my time to find a good one.**

訳

A：ところであなたが先日おっしゃっていた不動産屋さんに行ってみたんです。

B：そうなんですか？　どうでした？

A：あのマンションは絶対今が買い時だって言うんですよ。

B：そう言うでしょうね。調子のいい売り文句に聞こえますけど。

A：ええ。時間をかけて選んでいこうと思います。

A: **You know you're talking about the means of transportation in Tokyo a while ago, well I've just bought a bicycle.**

B: Oh, have you? Is it a cool mountain bike or something?

A: **No, it's a simple little one with a basket on the front.**

B: That's not bad.

A: **Bicycles give you a lot of freedom to be able to get to places that public transport doesn't reach.**

B: I agree with you. And it's cheap and healthy.

A: **Exactly.**

訳

A：あなたが先ほど話されていた東京での移動手段のことなんですが、私、最近自転車を買ったんです。

B：そうなんですか？　カッコいいマウンテンバイクか何かです？

A：いえ、前にカゴがついたシンプルな小型の自転車です。

B：いいですね。

A：自転車は公共交通機関が通っていない場所でも自由に行けます。

B：そのとおりですね。しかも安上がりで健康的。

A：そうなんです。

③ 控えていた質問や意見・感想を言う　🔊L 094　🔊RP095

A: Well, you mentioned it earlier, I had no idea
Steve was such a competent person.

B: He really is, isn't he? Don't judge a book by its cover.

A: That's definitely true. I thought he was a bit of a
weird person.

B: Ha-ha! It's funny you should say that.

A: Why? What do you mean?

B: Well, the first time I met him, I had a terrible impression of him.

訳

A：あの、先ほど話されてたことですが、スティーブがそんなに優秀な人だとは思いも寄りませんでした。

B：彼、本当にできますよね。人は見かけによらないですね。

A：まったくそのとおりです。彼は少し変わった人だなと思っていたんです。

B：ハハハ、そんなこと言うなんておかしいですね。

A：なぜです？　どういう意味ですか？

B：実は私の彼に対する第一印象は最悪でした。

UNIT12　話が途切れてしまったら？

119

少しだけコメントをはさんで打ち返す

　雑談は、相手主導、相手に気持ちよく話させるのが基本です。相づちや切り返しの質問など、話を盛り上げる、続けさせるテクニックも取り上げましたが、まったく自分の話をしないで、ひたすら質問ばかりだと、相手も不安になるかもしれません。

　「自分ばかり話していていいのだろうか」

　「質問が多くて尋問を受けているような気分……」

　などと思われるのも良くないでしょう。

　とはいえ、自分主導で、自分の話や意見ばかり話すのは、雑談ではなくなってしまいます。

　そこで、「質問が多くて相手が疲れてきたかな」と感じたら、**質問や相づちの合間に、少しだけ自分の話をはさむのも一手です**。

　相手の話を熱心に聞いていれば、こちらの意見や感想も浮かんできます。その意見や感想、体験談を少し話して、その後はまた、相手に話を戻すのです。

　たとえば、

A（相手）: I read Murakami Haruki's new novel the other day.（こないだ村上春樹の新作を読んだんですよ）

B（あなた）: I like his novels, too. I haven't read his recent ones though. How was it?（私も彼の小説は好きです。最近の作品は読んでないのですが。新作はどうでしたか？）

A: I really liked it.（とてもいいです）

こんな感じで、自分のことや、体験・経験を少し話してから、また相手に話の主導権を渡す。自分の話を続けたくなるかもしれませんが、そこはバランスを考えて、適度なところで相手にバトンタッチするのです。

もちろん、相手が、こちらの話をもっと聞きたい、意見や感想を教えてほしいとなったら、その限りではありません。どんどん意見や感想を言ってください。

ただ、その際には、それなりのコメント力が必要になりますよね。よく日本人は、I think ~（~だと思う）ばかり使いがちですが、もう少し、バリエーションを持っておきたいところです。

たとえば、自分の話す内容にかなり自信がある場合は、

I believe it's one of the best French restaurants in Tokyo.

（あのレストランは東京でベストのフレンチのひとつですよ）

確信はなくて、たぶん、おそらく、くらいの場合は、

I guess his new movie will be a big hit all over the world.

（おそらく、彼の新作映画は世界中で大ヒットするんじゃないかな）

などを使えば、意見や感想に強弱をつけることができます。

ほかにも、いろいろなニュアンスを表現できるフレーズを次ページで紹介しますので、使ってみてください。

雑談力を上げるテクニック⑨

少し自分の意見や感想を加えて相手に戻す。コメント力も身につける

UNIT13

少しだけコメントをはさんで打ち返す

コメント力を上げる表現

　相づちや切り返しの質問に、コメントを追加して返すときのフレーズです。確信度や主観的かどうかで動詞を使い分けます。音声を聞いてから、声に出して言ってみましょう。

コメントを追加するときのフレーズ　　🔊 L 096

① ～だと思う　I think ~　※最も一般的で汎用性も高い

　➡I think you're right.（あなたが言っていることは正しいと思う）

② たぶん～だと思う、おそらく～だと思う　I guess ~　😊casual

　➡I guess he's right.（たぶん彼が言ってることは正しいだろう）

③ たぶん～だと思う、おそらく～だと思う　I suppose ~
　※guessと同じ意味、同程度の確信度だが、よりフォーマルで主観的

　➡I suppose he's right.（彼は正しいだろうと思います）

　➡I suppose we will make our sales target.（売り上げ目標は達成できるだろうと思います）

　➡I suppose so.（まあ、そう思います）

④ ～だと思う、～の気がする　I feel ~　※thinkより感覚的で軽いニュアンス

　➡I feel that she will make it.（彼女は間に合うと思う）

　➡I feel that he will come.（彼は来るような気がする）

⑤ ～だと思う　I assume ~　※①～④よりも確信度は高い

　➡I assumed that John was working that night.
　（てっきりあの夜、ジョンは働いていたと思っていました）

⑥ きっと〜だと思う、当然〜だと思う **I expect 〜** ※①〜④よりも確信度は高い

➡ **I expect him to get a new job.**（彼はきっと新しい仕事に就くと思います）

➡ **I expect she's very busy.**（彼女は当然とても忙しいはずです）

⑦ きっと〜だと思う **I'm sure 〜** ※expectより確信度は高いが100%ではない。prettyを入れるとさらに確信度が高まる

➡ **I'm (pretty) sure you can do it.**（きっとあなたならできると思う）

⑧ きっと〜だと思う **I believe 〜** ※expectより確信度は高い。主観的。

➡ **I believe you can do it.**（きっとあなたならできると思う）

⑨ 〜じゃないかな、むしろ〜のように思う **I'd say 〜** ※確信を持っているわけではない、または持っていたとしてもわざと明言することを避けるときに使う

➡ **I'd say he's not the best person.**（彼が最適ではないように思う）

➡ **I'd say these clothes look better on you than that.**（君にはこの服のほうがあれよりも似合うと思うんだけど）

⑩ 〜だろうか、〜を不思議に思う **I wonder 〜**

➡ **I wonder how he got home.**（彼はどうやって家に帰ってきたんだろう？）

⑪ 〜だといいと思う **I hope 〜**

➡ **I hope she passes the exam.**（彼女がテストに合格するといいのに）

⑫ 残念ながら～だと思う　I'm afraid ~

→ **I'm afraid she can't make it.**（彼女が間に合わないと思う）

→ **I'm afraid so.**（残念ながらそう思います）

⑬ 私が思うに～、私の意見としては～　In my opinion, ~

→ **In my opinion, the client will like our presentation.**（私の意見としてはクライアントはプレゼンを気に入ってくれると思います）

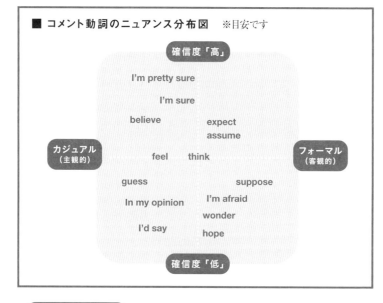

■ コメント動詞のニュアンス分布図　※目安です

確信度「高」

I'm pretty sure

I'm sure

believe

expect
assume

カジュアル（主観的）

feel　think

フォーマル（客観的）

guess

suppose

In my opinion

I'm afraid

wonder

I'd say

hope

確信度「低」

⋯⋯ 雑談力を上げるコツ ⋯⋯⋯⋯⋯⋯⋯⋯⋯⋯⋯⋯⋯⋯⋯⋯⋯⋯

　②の guess 以外はすべてフォーマルな場でも使える表現です。確信の度合いによって動詞が異なりますが、どれも主観的な要素を含む表現なので、I assume ～が口癖の人がいるように、話し手の性格や好みによっても動詞のチョイスが異なるのも事実

です。

⑤のassumeは例文のように過去形で使うと「事実は違ったがそう思っていた」という意味合いになります。

・・

コメント後に相手にバトンを渡すフレーズ　　　◀ L 097

① あなたはどう思う？
→ **How about you? / What about you?**

② どう思う？
→ **What do you think?**

③ それについてどう思う？
→ **What do you think about it? / How do you feel about it?**

④ それはどうでしたか？
→ **How was it?**

⑤ どうしたの？
→ **What happened? / What's wrong with you?**

・・・　**雑談力を上げるコツ**　・・・・・・・・・・・・・・・・・・・・・・・・・・・・・・・・・・

「あなたはどう思う？」と尋ねる場合、①の2つのフレーズはまったく同じ意味です。

③は、「どう」につられてHow do you think?と言ってしまいがちですが、これは間違いです。また、How do you feel?と言うと「気分はどう？　体調はどう？」という意味になるので、注意してください。

・・

UNIT13　少しだけコメントをはさんで打ち返す

コメントを追加して切り返す雑談

　切り返し時にコメントを追加する雑談に挑戦してみましょう。以下の会話をLの音声で聞いてから、RPの音声を使って色文字の役をポーズで演じてみてください。

① 共感→コメント→バトンタッチ　　🔊L 098　🔊RP099

A: I've had terrible pains in my shoulders and back recently.

B: Me, too. I'm sure it's due to lack of exercise. Do you do any exercise?

A: Not at all. I just take a walk once in a while.

B: I think taking a walk is good. I go to the gym, but it's just once a week. I'm not really sure if it's working or not.

訳

A：最近、肩や腰が痛くて参ってます。

B：私もです。きっと運動不足が原因ですよね。運動はされてますか？

A：いえ、全然できてません。時々散歩するぐらいです。

B：散歩はいいですよね。私はジムに通っているんですが週1回だけなので、効いているのかいないのか。

・・・・・　**雑談力を上げるコツ**　・・・・・・・・・・・・・・・・・・・・・・・・・・・・・

　共感→コメント→バトンタッチの展開の英語部分は、Me too.→I'm sure ~→Do you ~?の構成になっています。**共感するときは気持ちを込めて言うのが大事です。**嫌味にならない程度に大げさに反応す

る
と、相手も話しやすくなり、ノッてくれるでしょう。

② 共感→コメント→バトンタッチ　　🔊L 100　🔊RP101

A: One of the pleasures when I go on a business trip is the local cuisine.

B: I agree with you. Maybe that's the best part of business trips, isn't it?

A: It sure is.

B: Where do you usually go?

A: Mostly Asian countries, including Japan. Next time I come to Japan, could you tell me your recommendations, Mr. Goto?

B: Sure thing! I'll make a list for you. What kind of food do you like?

訳

A：出張のときの楽しみは、ご当地グルメですよね。

B：同感です。たぶんそれが出張のいちばんいいところじゃないですかね。

A：本当ですね。

B：どんなところに出張が多いんですか。

A：日本も含めて、アジアが多いんです。今度日本に行くときは後藤さんのお薦めグルメを教えてください。

B：もちろんです！　お薦めリストを作りますよ。どんな食べ物がお好みですか？

I agree with you. → Maybe ~, isn't it?の構成になっていて、コメントとバトンタッチの部分を合体していますね。

A: I never realized how hard it is to take care of a baby.

B: It *is* hard. In my opinion, a husband's help is essential. What do you think?

A: I couldn't agree more. Luckily, my husband does take part in the parenting.

B: That's good for all three of you. I wish there were fathers like your husband when I was a child.

訳

A：赤ちゃんの世話ってこんなに大変だって知りませんでした。
B：本当に大変ですよね。私、思うんですけど、夫の手助けは必須ですよね。どうですか？
A：まったくそのとおりです。幸運にも、うちの夫は子育てに積極的に参加してくれるんです。
B：皆にとっていいことですね。子供の頃に、旦那さんのような父親がたくさんいたら良かったのに。

共感→コメント→バトンタッチの展開の英語部分は、It *is* hard. → In my opinion, ~ → What do you think?の構成になっていま

す。

2行目のIt *is* hard.はis（動詞）を強調して言うことで、相手に強く同意できます。

UNIT13 少しだけコメントをはさんで打ち返す

....

④ 驚き→コメント→バトンタッチ　🔊L 104　🔊RP105

A: Oh, I'm starting to think I'm not cut out for this kind of work.

B: What are you talking about? We all have bad days. What happened?

A: I've received a little promotion at work.

B: That's good news, isn't it? Why do you have the long face?

A: I have more subordinates now and I have to take care of them. That's going to make it hard for me to get my own work done.

B: I understand. I've had a similar experience. Why don't you entrust more tasks to your subordinates?

A: Yes, I know that's what I have to do. I'm not very good at delegating, but I'll have to try.

訳

A：ああ、私はこの仕事に向いていないのかもしれないな。

B：何言ってるんですか？　誰でもついていない日はあります。どうしたんですか？

A：私、仕事で少しだけ昇進したんです。

Ｂ：いい知らせじゃないですか？　なぜ浮かない顔をしているんですか？
Ａ：部下が増えて、彼らのケアだけで、自分の仕事がなかなか進まないんです。
Ｂ：ああ、わかります。私にも似たような経験があります。部下を信頼してもっと任せてはいかがですか？
Ａ：ええ、そうしないといけないですよね。人に任せるのが苦手で、でもやってみます。

　共感や肯定のほかに、驚きや励ましの意味で、否定の言葉で反応することもあります。上記の What are you talking about? や Of course, not!（そんなことありませんよ！）などの言葉のあとに励ましのフレーズを追加することで元気づけることができたらすてきですね。

「納豆は食べられますか?」

┨カン・アンドリュー・ハシモト┠

　外国人との雑談中に「納豆は食べられますか?」「鰻は食べられますか?」「お箸は使えますか?」のような質問をしてしまうこと、ありませんか?

　日本人の皆さんに悪気はないでしょう。私も「座敷の懐石料理なのですが、正座はできますか?」と尋ねられたことがあります。これらは日本を訪れる外国人の多くが経験する質問です。

　私が子供の頃、家に家族は誰も弾かないグランドピアノがありました。私は誰か大人が家に遊びに来るたびに「ピアノ弾ける?」とよく尋ねていました。そのたびに母にしかられました。「人に Can you ~?と尋ねてはダメ。失礼よ」と。

　理由はこうです。Can you ~?と尋ねて、もしその人がピアノを弾けなかったとする、そのときに相手は No, I can't. と答えなければならない、**相手に I can't.(できない)と答えさせるのはプライドを傷つけ、失礼に当たる。**

　人に Can you ~?と尋ねてはいけない、これは子供たちが学校でも家庭でも教会でも教わることです。相手のプライドを尊重するアメリカ文化のひとつでしょう。

　ではどう尋ねたらいいのか。**Do you ~?を使えばいいのです。** Do you play the piano?なら、もし弾けない場合でも相手は No, I don't.(弾かない)と答えられます。「弾けない」ではなく「弾かない」と答えてもらうことで相手の尊厳を守る、と言うと大げさに聞こえるでしょうか。

　最初の質問も、Do you like natto? / Do you like eels? / Do

you use chopsticks?と尋ねましょう。正座に関しては、We have to sit on a tatami. Is it a problem for you?（畳に座らなければならないのですが、問題はありますか？）と聞けばOKです。

　ちなみに自分からI can't eat natto.と言うことは問題ありません。しかしその場合は「好きではないから食べたくない」のではなく、「アレルギーがあるから食べることができない」「宗教上の理由で食べることができない」「医者に止められているので食べることができない」といったケースが多いでしょう。

雑談ネタの 仕入れ方

雑談をスムーズに行い、人間関係を良好にするには、普段からネタを集めて準備しておくことも重要です。その方法を取り上げるので、実践に即して習慣化しましょう。

相手との共通点を見つける

大学で、私が犬を飼っていることを知っている学生が、授業後に、

「先生、ワンちゃん飼ってますよね。実は、私も先生と同じパピヨンを飼ってるんです。パピヨンって……」

などと話しかけてくることがあります。

私も犬好きですので、

「うん、カワイイんだよね。君のところはなんていう名前？」

といった話になる。

話の内容はなんてことなくても、その学生のことはよく覚えています。「ああ、パピヨン飼ってる子ね」という感じで。

自分と相手、**お互いに共通したフィールドにある話題は記憶に残りやすい**。相手の興味・関心というフックに「自分もそうなんです！」といった具合に話題を引っかけていくと、相手もいい反応を見せてくれる。共通の話題なので話も盛り上がります。

そして、その**フックは具体的であるほどいい**。

上の学生の話でも「犬が好き」ではなく「パピヨンが好き」と、より具体的なフックがあったので、記憶にはっきりと残ったのです。

人は誰でも自分が好きなものの話では盛り上がるし、得意なことの話題では冗舌になります。この人と顔を合わせると、必ず○○の話になる、といったケースは多いものです。

もちろん、相手が自分の興味・関心というフックに話題を引っかけてくれると、こちらも楽しく話ができます。

共通の話題、接点となる話題ひとつあるだけで、お互い「何を話したらいいか」というストレスから解放されます。つまり、それによって人間関係が強化されるのです。

まずは、**ひとつだけでいいので、相手との具体的な共通点、話が盛り上がる、お互いに好きなことなどを、探してみましょう。**

ただし、どうしても共通点が見つからない場合もあるかもしれません。そんなときは諦める？　いえ、その必要はありません。相手の興味・関心、ハマってることに、**自分はまったく関心がない、詳しくない場合も、相手にいろいろ教えてもらう態度で臨めばいいのです。**

たとえば、

> **I'm not very good at cooking, but what kind of food do you cook?**（料理はあまり得意ではないんですが、どんなものを作るんですか？）
> **I'm not very familiar with soccer very much, but which team do you like?**（サッカーはあまり詳しくないんですが、どのチームが好きなんですか？）

と、雑談を盛り上げるチャンスととらえ、相手にいろいろ教えてもらうのです。相手も好きなことについてはいろいろ話したいはずなので、こちらが詳しくなくても、教えてあげたいと思ってくれるはずですから。

雑談ネタの仕入れ方①

相手と話が盛り上がる「共通点」をひとつだけでいいので探す。なければ、教えてもらう態度で臨む

共通点について話すときの表現

　相手との共通点について話しかける表現と、その話題についてあまり詳しくないと伝えるときのフレーズです。音声を聞いてから、声に出して言ってみましょう。

相手との共通点について話しかけるときのフレーズ 🔊 L 106

① 最近、おいしいワイン飲みました？
→ **Have you had any nice wine recently?**

② 最近、面白い本を読みました？
→ **Have you read any interesting books recently?**

③ 最近、いいレストラン／ラーメン屋さん見つけました？
→ **Have you found any good restaurants/ramen shops recently?**

④ 最近はどの韓国ドラマを見てます？
→ **Which Korean drama are you watching these days?**

⑤ 最近ジャズライブ行ってます？
→ **Do you go to jazz concerts these days?**

⑥ ワンちゃんはどうですか？／レオ君は元気にしてます？
→ **How's your puppy? / How's Leo doing these days?**

⑦ 日本語の勉強はどうです？
→ **How's your Japanese going?**

⑧ 新車／新しい自転車の調子はどうです？
→ **How's your new car/bicycle?**

⑨ プログラミングの勉強はかどってます？

➡ **How are you doing with your programming study?**

⑩ 新しい仕事はいかがですか？

➡ **How are things with your new job?**

雑談力を上げるコツ

　recentlyは過去に起こった出来事に対して使うので過去形か現在完了形の文中で使います。またrecentlyは1回限りの出来事に対しても複数回の出来事に対しても使うことができます。

　these daysは「この頃、近頃、近年」という意味です。現在形の文中で使います。また1回限りの出来事には使いません。「以前とは違って最近は」と、過去と比較するような意味合いを含むこともあります。nowの「今日、現在」と同じだと考えると使いやすいかもしれません。

　latelyは現在より少し前の過去から現在までのことを表します。現在完了形とともに使うのが主ですが、文脈によっては過去形、現在形で使うこともあります。1回限りの出来事に対しては使いません。

自分が知らない、詳しくないと伝えるフレーズ 🔊 L 107

① ～はあまり得意ではないんですが、…

➡ **I'm not very good at ~, but . . .**

② ～にあまり詳しくないのですが、…

➡ **I'm not very familiar with ~, but . . . / ~ is not very familiar to me, but . . . / I don't know much about ~, but . . . / I know very little**

about ~, but . . .

③ 私の専門ではないのですが、

➡ **I'm not an expert, but, ~**

「詳しくはないけど教えてほしい」のですから、I'm not interested in it, but ~ や I'm not really into it, but ~ などの表現はふさわしくありません。「興味はないけど教えてほしい」「特に好きなわけじゃないけど教えてほしい」という意味になってしまいます。たとえ本当に興味がなかったとしても、相手は気分を害してしまうので、これらの表現は避けましょう。

共通点で雑談

お互いの共通点や共通の趣味などについての雑談に挑戦してみましょう。以下の会話をLの音声で聞いてから、RPの音声を使って色文字の役をポーズで演じてみてください。

① 最近、いい曲聞きました? 🔊L 108 🔊RP109

A: **Have you been listening to any good music recently?**

B: Actually I have. It was a recommendation on Spotify.

A: **Oh, who was it?**

B: Miki Matsubara. She was popular back in the day.

A: **Yes, I know her songs.**

訳

A：最近、何かいい音楽ありました？

B：実は見つけたんです。スポティファイが推薦してくれたんですけどね。

A：誰の曲です？

B：松原みきって人です。昔の人なんですけど。

A：ええ、彼女の曲は知ってますよ。

② どの韓流ドラマがお気に入り? 🔊L 110 🔊RP111

A: **Which Korean drama are you watching these days?**

B: The drama every Korean drama fan is talking about.

A: **"Love under the moon"**

B: That's the one! Once you start watching it, you can't stop.

A: Yes, that's what I've heard. I think I should start watching it, too.

B: You can say goodbye to any sleep for a while!

訳

A：最近どの韓国ドラマを見ていますか？

B：韓国ドラマファンが皆その話で持ち切りのドラマです。

A：「月のもとでの愛」！

B：それです！　一度見始めると止まりませんよ。

A：そう伺っています。私も見るべきですね。

B：しばらく寝不足になりますね！

③ 釣りに行けてますか？

A: Have you been able to go fishing lately?

B: No, I haven't been able to go fishing nor play golf for a while.

A: That's too bad. I went sea fishing in Izu last week.

B: How was it?

A: I caught quite a lot. I hope we go together again sometime.

訳

A：最近、釣りに行けてますか？

B：いや、釣りもゴルフもしばらく行けてないんです。

A：それは、残念ですね。私は先週、伊豆で海釣りをしてきまし

た。

B：釣果は？

A：なかなかの大漁でした。また、ご一緒したいですね。

④ AI 翻訳機　　　🔊 L 114　🔊 RP115

A: I bought an AI translator last week.

B: I don't know much about new technology, but how is it?

A: It really came in handy when I was on a business trip.

B: That's nice. Was it more useful than a smart-phone app?

A: Absolutely. Much easier, much quicker and much simpler to use.

B: Maybe I think I should get one.

訳

A：先週、AI翻訳機を買いましてね

B：新しい技術にはあまり詳しくないんですが、いかがですか？

A：出張のときに本当に便利でした。

B：それは良かったですね。スマホのアプリよりいいですか？

A：それはもう。使い勝手がずっと簡単で速くシンプルです。

B：私も買うべきかもですね。

鉄板ネタで
「偏愛マップ」を作る

　ある人との雑談で、この話をするとまず間違いなく盛り上がると
いう話題がありますよね。

　たとえば、A氏には「将棋の藤井聡太さん」の話題、Bさんとは
「ダイエット」の話題、C君は「東京のおいしいレストラン」につい
て——人によってこれなら間違いなく盛り上がるという話題。いわ
ゆる、その相手限定の「鉄板ネタ」のことです。

　前章では、相手との共通点があるケースを取り上げましたが、誰
とでも共通点があるとは限りません。

　そこで、**相手の興味のあるものや好きなものを意識して覚えてお
く**と、とても雑談の役に立ちます。

　「この人にはこれが鉄板ネタ」というのをひとつでいいので頭の隅
に入れておくのです。周囲の人の「この話から入ればまず大丈夫」
「この人とは必ずこの話になる」という「あの人はこれが好きマッ
プ」を持ちましょう。

　私はこれを**「偏愛マップ」**と呼んでいます。

　日々の生活の中で、出会った相手の興味や関心事を押さえておき、
頭の中でその人の「偏愛マップ」に追加していくのです。

　A氏と顔を合わせたときに、偏愛マップを検索して、そういえば
A氏の鉄板ネタは藤井聡太さんだったなと思い浮かべ、

A（あなた）: **Sota Fujii won again!**（藤井聡太君また勝ちましたね！）

B（相手）: **Yes. He won another title. It's simply amazing.**（ええ、ま
たタイトルを獲得しましたから。素晴らしいのひと言です）

A: **I know I'm over the hill, but I think I'd like to learn Shogi.**
（私ももう年ですが、将棋を習ってみようかな、なんて）

B: **Good for you! It's never too late to start.**
（いいですね！　何事も始めるのに遅すぎることなんてありませんよ）

UNIT15

鉄板ネタで「偏愛マップ」を作る

　などと、相手の興味に合わせて雑談を仕掛けるのです。

　もし自分の好きなことが、相手の偏愛マップと共通していたら、
お互いに盛り上がれる最強の接点を発見したことになります。つま
り、それは「共通点」ですから、英語表現は前UNITも参考にして
ください。

　その接点が見つかれば、その人との人間関係はほぼOKといって
もいいでしょう。

雑談ネタの仕入れ方②

相手の「鉄板ネタ」で「偏愛マップ」を作る

偏愛マップを基に話すときの表現

　相手が好きな話題について話しかける表現と、好きな物事について話すときのフレーズです。音声を聞いてから、声に出して言ってみましょう。

相手の鉄板ネタで話しかけるときのフレーズ　🔊 L 116

① マリナーズがまた勝ちましたね！
　➡ **The Mariners won a game again!**

② リバプールがマンチェスター・ユナイテッドを2対1で破りましたね！
　➡ **Liverpool beat Manchester United 2-1!**

③ テイラー・スウィフトのニューアルバム、聞きましたよ。
　➡ **I checked out the new Taylor Swift album.**

④ 最近ダイビングには行きましたか？
　➡ **Have you been diving recently?**

⑤ ジェフリー・ディーヴァーの新刊、読みました。
　➡ **I read Jeffery Deaver's latest novel.**

⑥ 新しいダイエットいかがですか？
　➡ **How's your new diet?**

⑦ ジョギング復活させたいです。あなたはまだ毎朝走っていらっしゃいますか？
　➡ **I want to take up jogging again. Are you still jogging every morning?**

⑧ あなたが気に入りそうな新しいお寿司屋さんを見つけたんです。
　➡ **I found a new sushi restaurant I think you**

might like.

⑨ 最近、料理にはまってるっておっしゃっていましたね。

➡ **You said you were into cooking recently.**

⑩ お宅の猫ちゃん、ベルちゃんはお元気ですか？

➡ **How's your kitty, Belle, doing?**

⑪ 最近面白い小説を読まれましたか？

➡ **Have you read any good novels recently?**

⑫ 東北ではどの温泉がお薦めですか？

➡ **Which hot spring do you recommend in Tohoku?**

⑬ 最近いい写真は撮れましたか？

➡ **Have you taken any good pictures recently?**

> **雑談力を上げるコツ**
>
> 　上記には疑問文も挙げましたが、相手の興味があることについて話す場合、①〜③や⑤、⑧、⑨のように疑問文でなくても話しかけることはできます。

共通の好きな物事について話すときのフレーズ　🔊 L 117

① ラーメンは何でも好きです。煮干しラーメンが好物です。

➡ **I like all kinds of ramen. Niboshi (dried sardine) ramen is my favorite.**

② テッド・チャンの本は読んだことがありますか。今ちょっと
　はまっているんです。
　➡ **Have you ever read any novels by Ted Chan?**
　　I'm into his books now.

③ うちは娘が2人いるんですけど、写真見ます？
　➡ **I have two daughters. Do you want to see**
　　their pictures?

④ ネットフリックスに入りましたよ。
　➡ **I've joined Netflix. / I've signed up for**
　　Netflix.

⑤ 最近忙しくて食べ歩きができないんです。
　➡ **I'm too busy to eat out these days.**

⑥ 全英オープンの開催日を指折り数えて待っています。
　➡ **I'm counting the days till the next The Open.**

⑦ ZARAでかわいいドレス見つけたの。もう頭から離れなくて。
　➡ **I saw a pretty dress at Zara. I can't stop**
　　thinking about it.

⑧ 東京ディズニーリゾートの新アトラクションのこと、聞い
　た？
　➡ **Have you heard about the new attractions at**
　　Tokyo Disney Resort?

⑨ 錦織選手は準々決勝にも進めなかったね。
　➡ **Nishikori didn't even make it to the**
　　quarterfinals.

偏愛マップで雑談

　相手が好きな話題を元に展開する雑談に挑戦してみましょう。以下の会話をLの音声で聞いてから、RPの音声を使って色文字の役をポーズで演じてみてください。

① 相手が小説好きの場合　🔊L 118　🔊RP119

A: Have you ever read any novels by Jeffery Deaver? I'm into his works now.

B: I'm afraid not. I only know his name. I assume he's a mystery writer.

A: Right. He's a mystery and crime writer.

B: I think I've seen a movie based on one of his novels.

A: That must be "The Bone Collector."

B: Yes, that's the one!

訳

A：ジェフリー・ディーヴァーの小説を読んだことありますか？私、彼の作品にはまっているんです。

B：残念ながらありません。名前しか知らないです。確かミステリー小説作家ですね。

A：そのとおりです。ミステリーと犯罪小説で知られています。

B：彼の小説が原作の映画を見たことがあると思うんです。

A：『ボーンコレクター』でしょ。

B：あ、それです！

・・・・ 談力を上げるコツ ・・・・・・・・・・・・・・・・・・・・・・

相手が本好きであれば、最近読んだ本や作家の話は振りやすい話

題ですよね。nonfiction novel（ノンフィクション小説）、historical fiction（歴史小説）、romance novel（恋愛小説）、adventure novel（冒険小説）、classic novel（古典）などジャンル名を覚えておくと話題も広げやすいはずです。SF小説はscience fiction novelと言いますが、略してsci-fi novelと言うことも多いです。

. . . .

② 相手がテニス選手好きの場合　　🔊 L 120　🔊 RP121

A: Nishikori didn't even make it to the quarterfinals.

B: No. That was disappointing.

A: He's been very good at playing on a clay court in recent years.

B: I think he was just unlucky. The opponent was too tough.

A: Rafael Nadal! Doesn't he have any weaknesses?

B: Maybe he'll develop some when he gets older.

訳

A：錦織は準決勝にも進めませんでしたね。

B：そうですね。とても残念です。

A：ここ最近彼はクレイコートでのプレーがいいんですよ。

B：ついてなかっただけです。相手が強すぎますよ。

A：ファラエル・ナダル！　彼には弱点はないのでしょうか？

B：彼が年をとれば弱点が出てくるかもしれませんね。

雑談力を上げるコツ

　スポーツ選手の名前やクラブチーム名などは英語圏のものでない場合も多いですが、英語でどのように言う（発音する）のかなども好きなジャンルであれば調べることも楽しいでしょう。日本のカタカナ発音とはかなり異なる場合がありますよ。

③ 相手がゴルフ好きの場合　　🔊 L 122　🔊 RP123

A: Oh, you got a great tan. You've been playing golf lately, haven't you?

B: Yes, I have a lot of free time these days.

A: Where do you go?

B: Mostly to Chiba and Kanagawa.

A: It's nice to be out in nature, isn't it?

訳

A：あっ、日に焼けてらっしゃるってことは、最近もゴルフに行かれてるんですね。

B：はい、ここのところ自由な時間が多くて。

A：どの辺りに行ってらっしゃるんですか？

B：千葉とか神奈川が多いですね。

A：やはり、自然の中だから気持ちいいんですよね？

「今旬」の話題は、すぐに使ってみる

　ニュースで取り上げられている時事ネタも、多くの人々が共通して知っている話題でしょう。

　時事ネタは、どんな場面でも使えるので、ある意味使い勝手のいいネタです。となれば、毎日のニュースや記事にひととおり目を通しておくことは、雑談ネタを仕入れる上では欠かせません。

　ただ、気をつけるべきは、**新しいネタを仕入れたらすぐに使うこと**。

　日々のニュースはあっという間に古くなります。1週間前のニュースだと相手はもう覚えていないかもしれません。

　夜のニュースで見聞きしたことは、翌日、雑談ネタにする。朝に仕入れた話題で、その日の雑談を展開する。雑談における時事ネタは、これくらいのペースで使うべきです。

　雑談を盛り上げるには新しい情報のほうがいいに決まっています。そのために、ニュースはスマホなどでこまめにチェックして、旬なネタを持っておきたいものです。

　だからといって、常に人よりも先に新しい情報を仕入れるべきなどと言うつもりはありません。知らない話題でも、今はスマホですぐにチェックできますから。

A: They say another typhoon's approaching.（新しい台風が近づいているそうですね）

B: **Oh, is it? Is it a powerful one?**（えっ、そうですか？　大型ですか？）

A: **It's supposed to be. It's approaching Okinawa.**（そのようです。今日は沖縄に接近してます）

C: **I just checked my phone, and it seems like it made landfall in Okinawa an hour ago.**（今スマホをチェックしたら、1時間前に沖縄に上陸したようです）

　このように、**旬であればあるほど、その情報だけで盛り上がる雑談ネタになる**のです。相手がその情報をすでに知っていても、まったく知らなくても、提供することで雑談が盛り上がるキッカケになる。そこが重要なのです。

　たとえば「昨日の全米オープンテニスの錦織圭は惜しかったね」といった話題は、翌日くらいまでは使えるネタですが、それ以上時間がたつと、よほどのテニスファンか錦織ファンでないと、話に乗ってきてくれないかもしれません。

　情報やニュースは「生もの」です。それゆえに「足が早い」。寿司と同じく、雑談ネタも新鮮なほうがより盛り上がるものなのです。

雑談ネタの仕入れ方③

毎日のニュースで旬なネタを仕入れておく

時事ネタで話すときの表現

　最新のニュースなどを元に話を展開するときの表現です。音声を聞いてから、声に出して言ってみましょう。

旬のネタで話を展開するときのフレーズ　　◀L 124

天気や災害について

① 今晩は雨が降るらしいですよ。
　➡ **They say there'll be showers in the evening.**

② 今日の天気予報は当たりです。雨が降ってきました。
　➡ **Today's weather forecast was spot-on! It started to rain!**

③ 来週から本格的に暑く／寒くなるんですよ。
　➡ **It's going to get really <u>hot/cold</u> from next week.**

④ 今年の寒波はNYに大変な被害を出してますね。
　➡ **The cold wave caused great damage in New York this year.**

⑤ 大型のハリケーンがアメリカ南部に上陸したそうですね。
　➡ **They say a large hurricane has made landfall in the southern United States.**

⑥ スマホのニュースで知ったんですが、オーストラリアで大きな火災があったそうですね。
　➡ **News from my smartphone says there's a big fire in Australia.**

さまざまなニュースについて

⑦ 昨夜の全仏オープン見ましたか？

→ **Did you watch the French Open last night?**

⑧ ワールドカップでアメリカは善戦しましたね。

→ **The United States did well at the World Cup.**

⑨ アメリカ大統領が来月来日するそうですよ。

→ **I hear the president of the United States is coming to Japan next month.**

⑩ アカデミーの作品賞は違う映画が取ると思ってました。

→ **I thought that a different movie would win the Academy Award for Best Picture.**

⑪ 新型ウィルスの感染者が増えているようですね。

→ **It seems that the infection numbers of the new virus are increasing.**

⑫ ニュースによると、株価は上がり続けているそうですね。

→ **According to the news, the stock prices keep on rising.**

UNIT 16 「今旬」の話題は、すぐに使ってみる

雑談力を上げるコツ

　ニュースで仕入れたネタだとしても、常に⑫のように According to the news, などと前置きする必要はありません。 **They say ~ や I hear ~ で始めれば、ニュースで知ったということは相手に伝わります。** また、③のように They say ~ がなくても伝わる場合もあり、そのほうが自然な場合も多いでしょう。

時事ネタで雑談

　時事ネタについての雑談に挑戦してみましょう。以下の会話をL の音声で聞いてから、RPの音声を使って色文字の役をポーズで演じてみてください。

① オーストラリアの森林火災　　🔊L 125　🔊RP126

A: News from my smartphone says there's a big fire in Australia.

B: I saw it on TV last night. It's causing serious deforestation.

A: It sure is a big problem, and the numbers of wild animals it's killing is terrible.

B: I saw the rescue teams in action. I hope they can save as many of the animals as possible.

A: Definitely, yes.

訳

A：スマホのニュースで知ったんですが、オーストラリアで大きな 火災があったそうですね。

B：昨日の夜、テレビで見ました。深刻な森林破壊ですね。

A：ええ、森林破壊も大問題ですし、動物にたくさん被害が出てい るのがいたたまれません。

B：ニュースでも救助隊が活動していました。一匹でも多く助かる といいですね。

A：まったくです。

② 宇宙旅行の予約 　　　　　　◀ L 127 ◀ RP128

A: I heard that a founder of an online shopping site has booked a seat on a spaceflight.

B: Wow, I wonder how much he's paying.

A: Do you think you'd ever want to do that? Go up into space?

B: Yes, if I could afford it, of course I would.

A: My wife said that it's just going up into space and coming back down again.

B: Ha-ha. But being able to see the earth from above could be quite fascinating.

訳

A：オンラインショッピングのサイトの創設者が宇宙旅行の座席の予約をしたって聞きました。

B：うわぁ、いったいいくら支払うんでしょうか。

A：あなたもそうしてみたいと思いますか？　宇宙に行ってみたいですか？

B：もし支払えるものなら、もちろん行ってみたいですよ。

A：私の妻はそれってただ宇宙空間まで上って行って、そして降りて帰ってくるだけでしょ、と言うんです。

B：ハハハ。でも地球を外から眺めるのはとてもわくわくするんじゃないかと思います。

雑談力を上げるコツ

「～はどうなのでしょう？」という意味の I wonder ～ は自分がよく知らないことを話題に振られたときにとても使い勝手のよいフレーズです。**I wonder の後ろに疑問詞を続ければ、I wonder why.（ど**

うしてなんだろう？）や I wonder how much it will cost.（いくらするん だろう？）、I wonder how he could do it.（彼はどうやったんだろう？） のように、相づちとしても使えます。実生活でとてもよく使われる 表現です。ぜひ覚えて使ってみてください。

・・・

③ 最多勝利投手　　　　　　　　　　◀ L 129　◀ RP130

A: **Darvish became the first Japanese player to lead an MLB league in wins.**

B: It's great, isn't it? I love to watch him play.

A: **So do I. My lack of sleep this year is because of him.**

B: I know what you mean! Do you know what he said after the game?

A: **Coming first in something gives me confidence.**

B: Right! That gave me confidence.

訳

A：ダルビッシュが日本人初のメジャーリーグ最多勝投手になりま したね。

B：素晴らしいことですよね。彼のプレイを見るのが大好きです。

A：私もです。私の今年の寝不足はすべて彼のせいです。

B：わかりますよ！　その試合後に彼が何と言ったかご存じです か？

A：1位になるのは自信になります。

B：そのとおり！　その言葉が私に自信を与えてくれました。

④ ベジタリアン食　　　🔊 L 131　🔊 RP132

A: Have you ever tried an Impossible Burger?

B: No, I haven't yet. Are they any good?

A: Yes, I think they're better than regular beef burgers. Actually, I became a vegan three years ago.

B: Oh, I see. I hear it's good for your health.

A: Yes, I'm now enjoying my vegan lifestyle.

訳

A：インポッシブル・バーガー（人工肉を使ったハンバーガー）食べたことありますか？

B：いいえ、まだなんです。おいしいんですか？

A：ええ、おそらく普通のビーフバーガーよりおいしいと思います。実は私、3年前からビーガンなんですよ。

B：ああ、そうでしたか。健康にいいそうですね。

A：ええ、ビーガンのライフスタイルを楽しんでます。

雑談力を上げるコツ

　ベジタリアンやビーガンなど個人的な話題は、相手との関係性次第で、必ずしもタブーではありません。理由などを根掘り葉掘り聞くのは失礼に当たりますが、本人が話してくれる分には問題ありません。

「誰々が言ってた」伝聞情報をネタ化

　大学の同僚の先生たちとの雑談でたまに出てくるのが、自分たちに対する学生からの評判話です。

　UNIT 5で取り上げたように、ほめるのは雑談の王道テクニックなので、この場面でも、もちろん「いい評判」を伝えたい。

　しかし、同じ先生同士ゆえ、ただ単に、

　「いやあ、先生の授業はすごく面白いですね」

　と直接ほめそやすのは、お世辞っぽくてわざとらしさが拭えません。下手をするとイヤミに聞こえて、その場を和ませるどころか、関係がギクシャクしてしまう可能性も。

　そんなときは、

　「私の授業に来た学生が『○○先生の授業、すごく面白かった』と言ってましたよ」

　こんなほめ方がスマートです。つまり、**間接的にほめる**のです。

　ポジティブな話題の場合、「誰々がこう言っていた」という伝達情報のほうが、信ぴょう性が高くなることが多い。直接的にほめられるときの「いかにも取ってつけた感」というか、お世辞的要素が少なくなります。

　もちろん、ウソを言う必要はありません。相手に対するポジティブ情報があれば、それを伝え聞きという形で提供するのも有効だということです。**ポジティブでプラス方向の伝聞情報を集めるのも雑談のネタを仕入れるひとつの方法なのです。**

伝聞情報という意味で、もうひとつ。

雑談が上手な人は「拝借したネタの伝言」が上手です。つまり「人から聞いた話」を自分の雑談ネタにできるということ。

雑談のネタは、自分の生活圏だけで潤沢に見つかるものでもありません。でもそこに「自分ではないが、誰かが体験した話」を持ってくれば、話題はどんどん増やせます。

TBS系の『ニュースキャスター』という情報番組で、ビートたけしさんとご一緒させていただいています。

たけしさんはカメラが回っていないときも、すごく面白いんです。彼は、スタジオ入りすると、オンエア10秒前くらいまで、ずっと雑談しています。それもテレビでは放送できないような、際どい、大爆笑のネタばかり。

たけしさんがすごいのは、話題が尽きないこと。それこそ無尽蔵に出てくる。「どうしてあんなにいろいろな話題を提供できるのだろう」と考えてみました。すると、あることに気づいたのです。

それらの話の一部は、自分の体験談ばかりではないのです。以前に誰かから聞いた大変面白いエピソードをネタとしてストックしているのです。

たけしさんに限らず、雑談のうまい人は「ネタの倉庫」を持っています。人から聞いた話を自分の雑談ネタとしてストックして使いこなす方法は、大いに活用したいものです。

UNIT17 「誰々が言ってた」伝聞情報をネタ化

雑談ネタの仕入れ方④

人から聞いた話を自分の雑談ネタとしてストックして使い回す

伝聞情報で話すときの表現

　伝聞情報を生かして雑談を展開するときのフレーズです。音声を聞いてから、声に出して言ってみましょう。

間接的にほめるフレーズ　　　　　　　　🔊 L 133

① ピーターがあなたの英語は素晴らしいと言ってました。
　➡ **Peter said that your English is great.**

② あなたはお客さんへの新商品のプレゼンがとても上手と聞いています。
　➡ **I hear that you're good at presenting new products to customers.**

③ あなたのアドバイスはいつも役に立つと伺いました。
　➡ **They say that your advice is always helpful.**

④ あなたは料理がとても上手だと伺いました。
　➡ **I've heard you're a very good cook.**

⑤ みんながあなたと話すのは面白いと言っていますよ。
　➡ **Everyone says talking to you is fun.**

⑥ 同僚が、エクセルのことなら、ダニエルさんに訊けと言うんですよ。
　➡ **My colleague says when it comes to Excel ask Daniel.**

雑談力を上げるコツ

　I hear と I've heard には大きなニュアンスの違いはありません。「〜と聞いている」と伝聞の内容をシンプルに伝えるなら I hear がいいでしょう。

I've heard ~ には2つの意味合いがあります。**1つ目は「~だと聞いたことがある」**という経験です。

2つ目は「~だと（他の人が言っているのをある程度の期間）聞いている」と、期間を意識したニュアンスです。それを伝えることによって、聞いている内容の真偽を問うような場面で口にする場合があります。たとえば、自分が思っていることと異なる意見を耳にしたときです。「そうなのか、でも私は~だと聞いているが」といったことを伝えたい状況です。しかし、そういった文脈でなければ、両者は同じように使って問題ありません。

人から聞いた話で雑談を始めるフレーズ　🔊 L 134

① 彼、結婚したらしいね。
➡ **It seems that he got married.**

② リーさんがカフェを始めたようですよ。
➡ **Mr. Lee seems to have started his cafe.**

③ どうも水野さん、転職するらしいです。
➡ **Apparently, Ms. Mizuno is going to change her job.**

④ 知っている限りでは、この冬のボーナスは出ないようです。
➡ **As far as I know, we're not getting a bonus this winter.**

⑤ 妻の話では、ブラウンさんは引っ越しするそうですね。
➡ **According to my wife, Mr. and Mrs. Brown are moving.**

⑥ ビリーが言うには、ネットフリックスは加入する価値が絶対にあると。どう思います？
➡ **What Billy said is that Netflix is absolutely**

worth joining. What do you think?

⑦ 齋藤先生によると、呼吸の仕方は体と心にとってとても重要なんだって。

➡ **According to Professor Saito, how you breathe is very important to your body and mind.**

⑧ 私が読んだ本には、人の性格でその人の寿命がある程度推測できると書いてありました。

➡ **A book I read reckons that you can estimate a person's lifespan by their personality.**

※reckon：考える、見なす

⑨ ちょっとうわさで聞いたんですが、

➡ **I heard it on the grapevine that ~**

伝聞情報で雑談

誰かから聞いた話で相手をほめる雑談に挑戦してみましょう。以下の会話をLの音声で聞いてから、RPの音声を使って色文字の役をポーズで演じてみてください。

① 楽しいスピーチ <img L 135> <img RP136>

A: My colleagues said they had a great time at your speech.

B: Oh, that's good. I'm very happy to hear it.

A: Some people fall asleep when it's boring.

B: I think that keeping them from being bored is part of the speakers' job.

A: It sure is. My mentor once said that a good speaker is like a good entertainer.

B: He's right in a way.

訳

A：あなたのスピーチがとても楽しかったと同僚が言っていました。

B：それは良かったです。すごくうれしいです。

A：飽きると寝る人もいますからね。

B：飽きさせないというのも話者の仕事だと思うんです。

A：確かに。私の恩師がかつて「いい話者はいいエンターテイナーのようなものだ」と言ってました。

B：ある意味そうですね。

A: Apparently, you had a good party. Everyone seems to have had a great time.

B: Oh, is that what they said? That's good.

A: Yes, you're a good cook, you have good taste in wine and your place is just beautiful.

B: You're overdoing it. What are you after?

A: Well, actually I have something to ask you . . .

B: Oh?

A: No, no, I'm just kidding.

B: That's not funny.

訳

A：すてきなパーティーだったみたいですね。みんな楽しかったみたいですよ。

B：え、そんなこと言ってた？　よかった。

A：料理も上手だし、ワインのセンスもいいし、家もすてきですものね。

B：それってほめすぎ。何か企んでるんじゃないでしょうね？

A：ええと、実はお願いがあって…。

B：え？

A：なんて、冗談。

B：もう、全然面白くないわよ。

雑談力を上げるコツ

英語では「楽しかった」なら had a <u>great/wonderful</u> time。「うれしいです」も I'm very happy. のように日本人には少し大げさに感じる表現であっても、**それで気持ちのレベルは同等**だと思います。

雑談（議論ではなく）でも、時には否定したくなるときがあるかもしれません。そういうときも「まあ、ある意味ではそうかも」のような肯定的な表現を使うのも、英語圏ではよくあることです。

・・・

③ ギターが上手　　　◀L 139　◀RP140

A: **According to Mr. Burton, you're a very good guitar player, Pat.**

B: Yeah, well, I've been playing for 20 years.

A: **What kind of music do you play?**

B: I play mostly jazz.

A: **I'd love to hear you next time.**

訳

A：バートンさんによると、あなたはギターがとても上手なんですってね、パット。

B：ええ、まあ。20年やってますから。

A：どんな音楽をやるんですか？

B：ジャズが多いですね。

A：今度ぜひ聞かせてください。

日々の疑問や悩みを雑談ネタにする

「スマホの調子が悪いけど、原因がわからない」

「肩と腰が痛いけど、マッサージとウォーキング、どっちにすればいいかな？」

「ネットバンキング使いたいけど、使い方が難しそう……」

毎日の生活の中で出くわすわからないことや、ちょっとした疑問。実は、これらも格好の雑談ネタになります。

疑問の解決だけが目的であれば、それは「相談」という「意味のある話」になり、雑談の定義からは外れてしまいます。

しかし、雑談を始めるキッカケや話題の提供に用いるのなら、その限りではありません。非常に便利で使いやすいネタになります。

たとえば、

Is a subscription to Netflix worth it?（ネットフリックスのサブスクリプションってやる価値ありますか？）

という相談をしたとします。

相手が加入者であれば、そこから雑談が始まります。もちろん最初はお得かどうかの説明になりますが、それがキッカケとなって次は、

What kind of dramas do you like?（どういうドラマが好きなんですか？）

Music subscriptions are also good.（音楽のサブスクもいいですよ）

I remember the days when I used to rent CDs and DVDs from a shop.（レンタルショップでCDやDVDを借りていた時代を思い出しますね）

などと、話を広げていくことができるはずです。

最初の相談というネタから、別のネタを派生させることで雑談を展開していくテクニックです。

今の時代、IT化がどんどん進んで、上記のようなサービスも多様化しています。すべての機器やサービスを把握している人など皆無に等しいはずです。誰もが大なり小なり「使い方がわからない」「サービスの良し悪しがわからない」といった疑問を持っているのではないでしょうか。

このような相談ネタは、IT関連の話に限ったことではありません。生活の中で**みんなが同じように困った経験があって、みんなが関心を持っている事項はたくさんあるはずです。つまり、この手の相談ネタは無限の雑談ネタになるのです。**

> 雑談ネタの仕入れ方⑤

日々の疑問や困りごとの相談から始めて、雑談を展開する

UNIT18 日々の疑問や悩みを雑談ネタにする

日々の疑問や悩みを相談するときの表現

　日々の疑問や悩みを相談することで雑談を展開するときのフレーズです。以下を参考に、自分の悩みや疑問に差し替えて言ってみるのもよいでしょう。音声を聞いてから、声に出して言ってみましょう。

日々の疑問や悩みを相談するときのフレーズ　🔊 L 141

① スマホの顔認証ができなくなって。よくある原因って何ですか？

→ **Something's wrong with the face recognition functionality in my smartphone. What is the most common cause of that?**

② イントラネットにアクセスできなくなりました。あなたのPCは大丈夫ですか？

→ **The intranet suddenly became inaccessible. Is it OK on your PC?**

③ 肩と腰が凝っていて。マッサージと軽い運動、どちらがいいでしょう？

→ **I have a sore shoulder and back. Which do you think is better, massage or light exercise?**

④ 最近、白髪が増えてきて。あなたはどうですか？　染めたりしてます？

→ **I'm going gray. How about yours? Do you dye your hair?**

⑤ ネットバンキングをやってみようと思うんです。気をつけるべきことは何ですか？

→ **I want to try online banking. Can you give me**

any advice?

⑥ スポティファイを検討してて。契約してるよね？　どうですか？

➡ **I'm thinking of signing up to Spotify. You've signed up for it, right? How do you like it?**

⑦ アメリカ政治に興味があるんです。勉強し始めたところです。差し支えなかったら民主党と共和党のいちばん大きな違いは何か教えてもらえますか？

➡ **I'm interested in U.S. politics now. I've just started to learn about it. If you don't mind, will you tell me what you think the biggest difference between Democrats and Republicans is?**

⑧ 犬を飼おうと思っています。共働き夫婦にはどの犬種がいいでしょう。

➡ **I want to have a dog like you. Which breed is good for a working couple?**

⑨ カーシェアをしようと思っています。注意すべきことはありますか？

➡ **I'm thinking of starting carpooling. What do you have to look out for?**

⑩ 自動運転車を買おうかと思ってます。注意すべきことは何ですか？

➡ **I'm going to buy a self-driving car. Is there anything you think I should be careful of?**

⑪ なんで昼休みは12時から13時って決まってるんですかね。どこのお店も混むに決まっているのに。

➡ **Why do we have to take lunch break from 12**

to 1? The restaurants are always full then.

⑫ うちの子供がゲームばっかりしてて、勉強しないんです。お宅はどうですか？

➡ My children play games all the time instead of studying. How about yours?

雑談力を上げるコツ

　上記はいずれも、悩み事を先に伝えて、④や⑫のように「あなたはどうですか？」と相手の場合について尋ねるとか、⑨や⑩のように「注意点はなんですか？」と相手にアドバイスを求めるときの表現です。自分の悩み事に入れ替えて使ってみてください。

日々の疑問や悩みで雑談

　悩みや疑問をネタにして雑談を切り出す練習をしてみましょう。以下の会話をLの音声で聞いてから、RPの音声を使って色文字の役をポーズで演じてみてください。

① オンデマンドテレビ　　🔊 L 142　🔊 RP143

A: I'm thinking of signing up for an on-demand TV service. You've signed up for one, right? How do you like it?

B: Actually it's wonderful. There's so much content, television, movies and so forth you can watch.

A: In my case, I can never watch programs that are on in prime time.

B: Why? Because you get home too late?

A: Exactly. If I could watch television programs on my computer, it would be great.

B: Don't hesitate then. Sign up for one today.

訳

A：オンデマンドテレビについて調べています。あなたは契約なさっていますよね？　どうですか？

B：いや、素晴らしいですよ。たくさんのコンテンツ、テレビや映画やそのほかいろいろなものが見られます。

A：私の場合、ゴールデンタイムの番組は見ることができないのです。

B：どうしてですか？　帰りが遅いから、という意味ですか？

A：そのとおりです。もしもパソコンでテレビ番組を見ることができたら素晴らしいだろうな、と思っています。

B：迷っている場合じゃないですよ。今日、契約するべきです

② アメリカで子育て　　🔊 L 144　🔊 RP145

A: What was it like to raise your children in the US? Is it harder than in Japan?

B: Well, in some ways, yes. But generally speaking, I think I was lucky.

A: What do you mean? Would you be more specific?

B: My husband was working from home and he spent a lot of time with our children.

A: That's nice.

B: I want fathers to be more like that in Japan.

> **訳**
>
> A：アメリカで子育てをするというのはどうですか？ 日本でよりも大変でしょうか？
>
> B：そうですね、ある意味ではそうかもしれません。でも概して私は運が良いと思います。
>
> A：どういう意味でしょう？　もう少し詳しく教えていただけますか？
>
> B：私の夫が家で仕事をしていますから、彼が子供と多くの時間を一緒に過ごしてくれます。
>
> A：それはいいですね。
>
> B：日本の父親ももっとそうなってほしいです。

③ 片付けの魔法はあるのか? 🔊 L 146 🔊 RP147

A: I don't have enough storage space and there's a lot of stuff in my house. My place is always messy. How about you?

B: Well, we're kind of the same. There are too many things that spark joy, ha-ha.

A: Maybe I should move to a house with more storage space.

B: I heard that a good tip for tidying up is organizing things according to the size of the space.

A: I know. I've decided to try it during the upcoming holidays.

訳

A:うちは、収納が少なくて物が多いんです。いつも散らかっていて。お宅はどうですか?

B:まあ、うちも似たようなものです。ときめくものが多すぎて、ハハハ。

A:もっと収納の多い家に引っ越すべきかもですね。

B:収納のサイズに合わせて物を整理するのが、片付けの極意のようですよ。

A:そうですね。今度の連休中に思い切って整理してみるか。

雑談力を上げるコツ

UNIT 13でも取り上げた、How about you?は相手にバトンを渡すときに便利な表現です。

memo

齋藤 孝（さいとう・たかし）

1960年静岡県生まれ。東京大学法学部卒業。同大大学院教育学研究科博士課程等を経て、現在、明治大学文学部教授。専門は教育学、身体論、コミュニケーション論。著書に『声に出して読みたい日本語』（草思社）、『雑談力が上がる話し方』（ダイヤモンド社）、『人と仕事が動きだす! WEB会議とメールの技術』（主婦の友社）、『すごいほめ言葉 相手との距離がぐっと縮まる』（KADOKAWA）などがある。

Kan Andrew Hashimoto（カン・アンドリュー・ハシモト）

米・ウィスコンシン州出身。英・日バイリンガル。英語教育関連の音声、映像、書籍などの制作を手掛ける（株）ジェイルハウス・ミュージック代表取締役。公益財団法人 日本英語検定協会、文部科学省、法務省などの教育用映像（日・英版）の制作などを行う。著書に『一発で伝わる! ずぼら英語』（永岡書店）、『3語でできる オリンピック＆パラリンピック英会話』（DHC）、『本当はちゃんと通じてる! 日本人エイゴ』（アルク）などがある。

雑談力が伸びる英語の話し方

2021年4月14日（初版）
2021年5月10日（第2刷）

著者	齋藤 孝 /Kan Andrew Hashimoto
編集	株式会社アルク出版編集部
校正	Peter Branscombe/ 大塚智美
ブックデザイン	山之口正和＋沢田幸平（OKIKATA）
イラスト	富永三紗子
ナレーション	Howard Colefield /Peter von Gomm/ Carolyn Miller/Rachel Walzer
録音・編集	株式会社ジェイルハウス・ミュージック
DTP	株式会社秀文社
印刷・製本	シナノ印刷株式会社
発行者	天野智之
発行所	株式会社アルク
	〒102-0073 東京都千代田区九段北4-2-6市ヶ谷ビル
	Website:https: // www.alc.co.jp/

地球人ネットワークを創る

アルクのシンボル
「地球人マーク」です。